Schwäbische Bescherung

Ein heiteres Weihnachtsbüchle

www.silberburg.de

Schwäbische Bescherung

Ein heiteres Weihnachtsbüchle

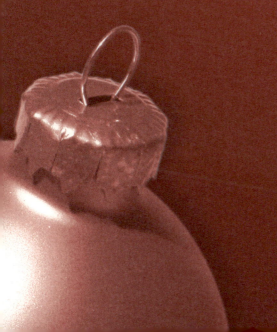

2. Auflage 2016

© 2014/2016 by Silberburg-Verlag GmbH,
Schönbuchstraße 48, D-72074 Tübingen.
Alle Rechte vorbehalten.
Umschlaggestaltung: Christoph Wöhler, Tübingen,
unter Verwendung einer Zeichnung von Sepp Buchegger.
Bildnachweis: S. 7: © Claudia Paulussen – 123RF;
S. 76: © Marina Scurupii – 123RF;
S. 90: © Karel Miragaya – 123RF;
S. 102: Rolf Maurer, Stuttgart;
S. 118: © Eric Issellee – 123RF;
S. 36 und S. 52: Archiv Silberburg-Verlag.
Druck: CPI books, Leck.
Printed in Germany.

ISBN 978-3-8425-1357-0

Besuchen Sie uns im Internet
und entdecken Sie die Vielfalt
unseres Verlagsprogramms:
www.silberburg.de

Inhalt

Vom hohen C an Weihnachten 9
   EBERHARD RAPP

Die Geschichte vom kleinen Backengel 10
   MANFRED ZACH

Schöne Bescherung 26
   OLAF NÄGELE

Tannenzäpfele 35
   BERND KOHLHEPP

Der doppelte Josef 37
   INGRID GEIGER

Frei de heit 47
   BERNHARD BITTERWOLF

Geschenkt 49
   EBERHARD RAPP

Dr dridde Ma 53
   EDI GRAF

Stillleba mit ohne 65
   PETRA ZWERENZ

Heiligs Blechle 77
  MANFRED EICHHORN

Weihnachtsflucht 82
  ERIKA WALTER

Der Engel Eduard 91
  HELMUT ENGISCH

Heinerle und der Brunnenbub 97
  ALF LIST & HEINER TIETZE

Dame, Bube und Springerle 103
  BERND KOHLHEPP

's Brenztaler Chrischtkendle 110
  WOLFGANG WULZ

Dr Sternahimmel 113
  RÖSLE RECK

Frau Rodes, bitte melden! 115
  EBERHARD RAPP

Der Sternenstall 119
  HUGO BREITSCHMID

Dia alt Glocka 125
  BERNHARD BITTERWOLF

Vom hohen C an Weihnachten

Eberhard Rapp

C

CH

ACH

NACH

ACH NE

ACH NIE

NIE WACH

NACH WIEN

WIEN NACHT

WEIN ACHTEN

WEIHNACHTEN

!

Die Geschichte vom kleinen Backengel

MANFRED ZACH

Immer wenn es auf Weihnachten zugeht, fällt mir eine merkwürdige Geschichte ein, die ich vor Jahren erlebt habe. Ihr müsst sie mir nicht glauben, obwohl ich schwören kann, dass sie sich haargenau so zugetragen hat, wie ich sie euch erzähle. Aber ein wenig unwahrscheinlich klingt sie schon, das gebe ich zu.

Es war an einem 24. Dezember, so um die Mittagszeit herum. Ich saß in meiner Wohnung im vierten Stock eines alten Mietshauses vor der Schreibmaschine und versuchte, eine nette kleine Weihnachtsgeschichte zu Papier zu bringen. Und seit Stunden starrte ich auf ein leeres weißes Blatt, weil mir partout keine nette kleine Weihnachtsgeschichte einfallen wollte.

Nun werdet ihr sagen: Da bist du auch früh dran, mein Bester, am 24. Dezember mittags eine Weihnachtsgeschichte zu schreiben, und damit habt ihr natürlich recht. Ordentliche Schriftsteller schreiben ihre Weihnachtsgeschichten immer schon im Frühjahr, damit sie im Sommer gedruckt und ab November in allen Buchläden verkauft werden können. Besonders ordentliche Schriftsteller lassen dafür sogar die Rollos runter, stülpen sich eine Pudelmütze über den Kopf, halten die Hände ins Tiefkühlfach oder verbrennen Tannenzweige über einer Kerze. Dann setzen sie sich an die Schreibmaschine, fabulieren von Lichterglanz und Schneegestöber und fluchen, wenn ab und zu betörender Fliederduft durch die Fensterritzen weht.

Da ich kein ordentlicher Schriftsteller bin und mir im Frühjahr noch weniger einfällt als im Dezember, versuche ich all das erst gar nicht. Ich schreibe überhaupt keine Weihnachtsgeschichten, weder bei Flieder- noch bei Tannenduft, bis auf die eine, die für Joachim bestimmt ist. Joachim ist der Junge, der über mir wohnt. Seit dem Tag, an dem er beim Spielen vom Auto überfahren wurde, muss er im Rollstuhl sitzen. Joachims Eltern laden mich jedes Jahr am ersten Weihnachtsfeiertag zum Gansessen ein, und als Dankeschön lese ich eine Geschichte vor, die ich allein für Joachim schreibe und die irgendwas mit Weihnachten zu tun hat. Seine Eltern sagen, dass sich Joachim wochenlang darauf freut.

An jenem Weihnachten aber, von dem ich erzählen will, fiel mir sogar am 24. Dezember nichts ein. Keine Geschichte, keine lustigen oder auch traurigen Sätze. Nichts, gar nichts. Auf der Straße vorm Haus brummten und quietschten wie immer die Autos, die Straßenbahnen rumpelten wie immer, und auch der dicke Hausmeister im Treppenhaus keifte wie immer.

Genau das war es, was mich so fertigmachte: Alles war wie immer, war wie an jedem anderen gewöhnlichen Tag auch. Nichts deutete darauf hin, dass vor vielen hundert Jahren in Bethlehem ein Kind geboren worden war, das die Welt von ihren Sünden erlöst hatte, auch von der Sünde des Hin-und-her-Hetzens und des Nie-für-etwas-Zeit-Habens. Wütend hieb ich auf die Tasten der Schreibmaschine und schrieb: Weihnachten gibt's überhaupt nicht! Vielleicht hat es das früher mal gegeben, aber heute ist alles so stinknormal, dass kein Mensch mehr an große oder kleine Wunder glaubt!

Dann warf ich die Schreibmaschine in die Ecke und rannte die Treppe runter, ohne den Hausmeister eines Blickes zu würdigen. Bei dem Gedanken, wie enttäuscht Joachim morgen sein würde, wenn ich ihm zum ersten Mal keine eigene Weihnachtsgeschichte mitbrachte, wurde mir ganz elend zumute.

Ziellos lief ich einige Straßen kreuz und quer, bis ich zum Stadtpark kam. Dort setzte ich mich abseits der Hauptwege auf eine Bank, die zwischen hohen Bäumen stand, deren Äste vom Raureif wie verzuckert waren. Die Bank war kalt, aber das machte mir nichts aus. Ich genoss die Stille, guckte in den grau verhangenen Himmel und merkte, wie ich langsam ruhiger wurde. Irgendwann schlief ich dann sogar ein.

Ich erwachte von einem Geräusch, das sich wie ein leises Plumpsen anhörte. Verwundert schaute ich mich um – und was ich sah, könnt ihr mir glauben oder nicht, es ist mir vollkommen gleichgültig, denn ich weiß, dass es wahr ist. Neben der Bank auf dem Boden hockte ein kleiner Engel und rieb sich mit schmerzverzerrtem Gesicht die Knie. Er hatte ein weißes Hemdchen an und Flügel, die ganz zerzaust waren. Als er mich sah, wollte er vor Schreck davonlaufen.

»He«, sagte ich, »bleib doch da! Ich tu dir nichts.«

Der kleine Engel zögerte, strich sich das Hemdchen glatt und flatterte aufgeregt mit den Flügeln.

»Ich möchte Sie aber in keiner Weise stören«, sagte er höflich.

»Du störst mich überhaupt nicht«, sagte ich. »Und sei bitte nicht so förmlich, davon krieg ich Sodbrennen.«

»Was ist Sodbrennen?«, fragte der kleine Engel. »Etwas zum Essen oder Trinken?«

»Mit dem Magen hat es schon zu tun«, sagte ich. »Aber es ist mehr so ein unangenehmes Gefühl, das sich einstellt, wenn man zum Beispiel zu viel Süßigkeiten gegessen hat.«

»Oh, das Gefühl kenne ich!«, rief der kleine Engel erschrocken. »Dann hast du wohl gerade Weihnachtsgebäck gebacken?«

»Überhaupt nicht«, sagte ich. »Du etwa?«

Der kleine Engel nickte.

»Ich bin ein sogenannter Backengel«, sagte er stolz. »Jetzt an Weihnachten haben wir natürlich Hochbetrieb, das kannst du dir denken. Da glühen die Backöfen von früh bis spät.«

»Interessant«, sagte ich. »Also stimmt es doch, was die alten Leute sagen, wenn sich im Winter der Himmel rot verfärbt. Jetzt backen die Engel Lebkuchen, sagen sie.«

»Wir backen viel mehr als nur Lebkuchen«, sagte der kleine Engel mit wichtiger Miene. »Sonst würde es sich ja gar nicht lohnen, zweitausend Sonnen aufzuheizen.«

»Ihr nutzt Sonnen als Backöfen?«, rief ich. »Aber das muss doch mörderisch heiß sein!«

»Ist es auch«, bestätigte der kleine Engel. »Ab und zu explodiert mal eine, und dann muss man alle Ausstecherle wegwerfen, weil sie rabenschwarz sind.«

Kopfschüttelnd sah ich den kleinen Burschen an. »Ihr Engel unterscheidet euch schon sehr von uns Menschen«, murmelte ich. »Aber sag mal, warum treibst du dich jetzt auf der Erde herum, wo im Himmel gerade weihnachtlicher Hochbetrieb herrscht?«

»Ach, das ist eine komplizierte Geschichte«, sagte der kleine Engel traurig. »Ich möchte eigentlich nicht darüber sprechen.«

»Ich liebe komplizierte Geschichten«, erklärte ich. »Ich bin nämlich Schriftsteller.«

»Was ist ein Schriftsteller?«, fragte der kleine Engel.

»Schriftsteller schreiben Geschichten auf«, sagte ich. »Natürlich nur, wenn ihnen welche einfallen.«

»Ich verstehe«, sagte der kleine Engel. »Bei uns nennt man sie Propheten.«

Ich widersprach ihm nicht. Zum einen schmeichelte mir der Vergleich, und außerdem merkte ich, dass der kleine Engel jetzt schon viel zutraulicher war als am Anfang.

»Wenn du ein Prophet bist«, sagte er und rückte etwas näher an mich heran, »dann wirst du ja wissen, dass mit der himmlischen Backerei in diesem Jahr alles anders ist als in den Jahrmillionen davor.«

»Nicht so direkt«, antwortete ich verlegen. »Backen ist nicht mein Spezialgebiet, weißt du. Was ist denn jetzt anders?«

»Nun, bisher haben immer nur weibliche Engel backen dürfen. Jetzt aber ...«

»Moment mal«, unterbrach ich ihn, »habe ich das richtig verstanden: Es gibt weibliche und männliche Engel?«

»Für einen Propheten weißt du erstaunlich wenig«, sagte der kleine Engel und sah mich misstrauisch an. »Was denkst du denn? Meinst du, wir wären so undefinierbar wie umherschwirrende Neutrinos?«

»Nein, nein«, stotterte ich, »es ist nur – ich meine, hier von der Erde aus sieht man den Unterschied zwischen männlichen und weiblichen Engeln nicht so genau.«

»Kann man auch nicht«, sagte der kleine Engel. »Aber ich will ihn dir verraten: Weibliche Engel haben längere Hälse und kürzere Hemdchen als männliche.«

»Wieso denn das?«, fragte ich verblüfft.

»Ist doch klar: Längere Hälse haben sie, weil sie oft die Köpfe zusammenstecken, um sich was zu erzählen, und kürzere Hemdchen, weil sie viel schönere Beine haben als die männlichen Engel.«

»Aha«, sagte ich. »Zeig mal deine Beine her.«

Aber der kleine Engel zog sein Hemdchen bis über die Zehenspitzen und tat, als hätte er meine Aufforderung nicht gehört.

»Willst du nun die Geschichte hören oder nicht?«, fragte er ein wenig beleidigt.

»Natürlich«, sagte ich schnell. »Also, bisher haben nur weibliche Engel backen dürfen. Jetzt ist das aber offenbar anders.«

»Ja«, sagte der kleine Engel, »seit diesem Weihnachten dürfen auch männliche Engel backen. Der leitende Backengel hat sich zwar lange dagegen gesträubt, weil er dachte, männliche Engel könnten nicht so gut backen wie weibliche. Aber dann haben die männlichen Engel eine Resolution verabschiedet, in der drinsteht, dass sie Weihnachten künftig boykottieren werden, wenn sie nicht endlich mitbacken dürfen. Und da hat er dann nachgegeben, weil er die männlichen Engel ja braucht, um nach Weihnachten die Sonnenbacköfen wieder sauber zu machen.«

»Donnerwetter«, sagte ich. »Das ist schon starker Tobak!«

»Was ist Tobak?«, fragte der kleine Engel.

»Hm«, sagte ich, »schwer zu erklären. So was Ähnliches wie schwarze Ausstecherle.«

Und weil ich nicht wusste, wie ich dem kleinen Engel erklären sollte, was Tabak ist, sprach ich schnell weiter.

»Dann kann ich mir schon denken, warum du hier bist«, sagte ich großspurig. »Die männlichen Engel haben lauter ungenießbares Zeugs gebacken, und jetzt müsst ihr euch zur Strafe ganz weit weg von der Backstube aufhalten.«

»Quatsch«, sagte der kleine Engel. »Du musst wirklich noch viel lernen, bis du ein richtiger Schriftstellerprophet wirst. Wir männlichen Engel haben hervorragend gebacken. Zum Beispiel wunderschöne Ausstecherle: Sternstaubmehl mit Butter, Zucker, Ei und geriebener Zitronen- oder Orangenschale verkneten, den Teig bei Weltraumkälte ruhen lassen, dann auf einem schwarzen Loch ausrollen, ausstechen, auf den leicht eingefetteten Andromedanebel setzen, mit Eigelb und verquirlter Milchstraßenmilch bestreichen, bei 180 Millionen Grad backen, rausnehmen, abkühlen lassen und mit Mars-Eiskristallen hübsch verzieren. Fertig.«

»Gigantisch!«, rief ich. »Aber sag mal, woher kriegt ihr Zitronen und Orangen?«

»Garten Eden«, sagte der kleine Engel fachmännisch. »Solltest du eigentlich noch vom Religionsunterricht her kennen.«

»Aber die Eier?«, fragte ich eigensinnig.

»Auch Garten Eden. Das Huhn, das gackerte, als Petrus den Herrn drei Mal verriet, wurde nach seinem Tod heilig gesprochen. Seither beliefert es die himmlische Küche mit köstlichen Eiern.«

»Du willst mich wohl vergackeiern!«, sagte ich. »Es war ein Hahn, der drei Mal krähte, und danach hat Petrus bitterlich geweint. So steht's in der Bibel.«

»Ich weiß«, sagte der kleine Engel. »Es war aber trotzdem ein Huhn. Ab und zu schwindelt die Bibel ein bisschen. Wie würde sich das denn anhören: Wahrlich, ich sage dir, das Huhn wird nicht gackern, ehe du mich zum dritten Mal verraten hast ... Da wär doch der ganze Effekt beim Teufel!« Erschrocken schlug sich der kleine Engel auf den Mund. Ängstlich sah er sich um. »Es ist besser, ich mache mich jetzt auf den Weg«, murmelte er.

»Halt, noch nicht«, sagte ich. »Erst musst du mir die Geschichte fertig erzählen. Also, wenn alle männlichen Engel so hervorragend backen können – warum bist dann ausgerechnet du nicht dabei?«

»Ach«, sagte der kleine Engel und seufzte tief auf. »Ich bin ein Opfer meiner Unbeherrschtheit. Darum muss ich jetzt auf dieser grässlichen blauen Kugel sitzen und Buße tun.« Er seufzte noch tiefer. »Ein hartes Los!«

»Nun halt mal die Luft an«, sagte ich verdrossen. »Diese blaue Kugel ist immerhin unsere gute alte Erde. So schlecht lebt sich's hier auch wieder nicht.«

»Oh, du kennst den Himmel nicht!«, antwortete der kleine Engel sehnsüchtig.

»Und du nicht die Erde. Aber worin bestand denn deine Unbeherrschtheit?«

»Ich habe«, sagte der kleine Engel stockend und zupfte nervös an seinem Hemdchen herum, »ich bin – also, ich bin auch ein männlicher Engel, wie du ja siehst beziehungsweise nicht siehst, und vor lauter Freude, endlich mitbacken zu dürfen, habe ich einen ...«

»Einen?«

»... einen ...«

»Nun sag schon!«

»... einen riesengroßen Rotweinkuchen gebacken: Butter und Zucker schaumig rühren, Eigelb hinein, Zucker von der Vanillepflanze zufügen, Zimt und Kakao unters Sternstaubmehl mischen ...«

»Ihr habt anscheinend alles im Garten Eden«, warf ich ein. »Backt ihr auch Apfelkuchen, oder ist das seit dem Sündenfall verboten?«

»Unterbrich mich nicht«, sagte der kleine Engel streng. »Natürlich backen wir Apfelkuchen. Gedeckt oder offen, mit und ohne Rosinen, mal Streusel drauf und mal nicht, wie du willst. Die Sache mit Eva und dem Apfel ist doch längst vergeben.« Er schlug das Kreuzzeichen und sagte missmutig: »Jetzt habe ich deinetwegen den Faden verloren.«

»Entschuldige«, sagte ich kleinlaut. »Du warst gerade dabei, Zimt und Kakao unters Sternstaubmehl zu mischen.«

»Ah, richtig«, sagte der kleine Engel. »Danach kommt die Hauptsache, der Rotwein. Ich persönlich bevorzuge Herrgottsacker Spätlese, das ist ein sehr angenehmer Schwarzriesling, nicht zu schwer, aber doch mit vollem, blumigem Aroma ...« Er hielt inne und räusperte sich verlegen. »Also, den Wein leicht in den Teig einrühren, die Mischung mit Sternschnuppen portionsweise unterheben, in eine mit Kometenbröseln ausgestreute Sternenform füllen – am besten eignet sich dafür meiner Meinung nach Cassiopeia – und bei 180 Millionen Grad schön braun und knusprig backen. Rausnehmen, abkühlen lassen ... na, den Rest kennst du ja. Ach so, Eiskristallzucker nicht vergessen!«

Das Gesicht des kleinen Engels glühte vor Begeisterung.

»Klingt gut«, sagte ich. »Und wo warst du dabei unbeherrscht?«

»Beim Rotwein«, flüsterte der kleine Engel.

»Beim Rotwein?«

»Ich verbrauchte etwas mehr, als fürs Backen nötig gewesen wäre.«

»Aha«, sagte ich. »Und das ist dir nicht gut bekommen.«

Der kleine Engel nickte düster. »Als ich den Kuchen aus dem Ofen nehmen wollte, verlor ich das Gleichgewicht, kippte vornüber und trudelte durch die halbe Milchstraße, bis ich hier unten unsanft landete.«

Wieder rieb er sich die Knie.

»Geschieht mir ganz recht!«, sagte er mit einem dicken Kloß im Hals. Dann legte er den Kopf auf die Arme, dass man nur noch seine lockigen Haare sah, und schluchzte wie ein kleines, verlassenes Kind.

»Nun wein doch nicht gleich«, sagte ich hilflos. »Du kannst doch einfach wieder zurückfliegen. Den Rotwein hast du auf deiner langen Reise bestimmt ausgeschwitzt!«

»Den Rotwein ja«, schluchzte der kleine Engel. »Aber nicht die Makronen, Husaren, Spritzringe, Butter-S, Florentiner und Schokoladenherzen, von denen ich zuvor auch noch probiert hatte!«

»Das verstehe ich nicht«, sagte ich. »Was ist daran schlimm?«

»Ich bin zu schwer, um zurückfliegen zu können«, weinte der kleine Engel.

Jetzt weinte er wirklich herzzerreißend. Ich gab ihm mein nicht ganz sauberes Taschentuch. Er schnäuzte sich das Näschen, und ich wäre vor Schreck fast von der Bank gefallen, denn sein Schnäuzen klang wie eine Posaune von Jericho.

»Danke«, sagte er und lächelte mühsam. »Es geht schon wieder besser. Weißt du, wir Engel bestehen fast nur aus Luft, und deshalb müssen wir sehr auf unser

Gewicht achten. Wenn wir zu schwer werden, zieht es uns holterdiepolter nach unten. Dann sausen wir durch den Weltraum, bis wir auf irgendeinen Stern plumpsen. So wie ich gerade.«

»Und wie lange wird es dauern, bis du wieder fliegen kannst?«

»Mindestens zehntausend Jahre. Engel verdauen leider sehr, sehr langsam.«

Wir saßen nebeneinander und schwiegen. Der Engel schaute ergeben vor sich hin. Er tat mir wirklich leid.

»Hör mal«, sagte ich schließlich, »gelten für euch auch die Gesetze der Physik?«

»Natürlich«, sagte der kleine Engel. »Sonst wär ich doch nicht runtergefallen.«

»Es ist also nur eine Frage des Auftriebs, ob du wieder fliegen kannst?«

»Ich brauche genau so viel Auftrieb, dass ich die Schwerkraft dieser grässlichen ... ich meine der Erde überwinden kann.«

»Ich hätte da eine Idee«, sagte ich. »Kannst du Windbeutel backen?«

»Klar«, erwiderte der kleine Engel. »Wasser mit Butter und Salz zum Kochen bringen, Mehl sieben ...«

»Langsam, langsam«, sagte ich und erhob mich von der Bank. »Also, wir zwei gehen jetzt zu mir nach Hause in die Küche, und da backst du dir eine Riesenportion Windbeutel.«

»Und warum?«, fragte der kleine Engel.

»Weil du mit jedem Windbeutel, den du isst, ein Stück Auftrieb bekommen wirst. Irgendwann hast du so viel Wind geschluckt, dass du in die Höhe schwebst und fortfliegen kannst.«

»Und du meinst, das funktioniert?«, fragte der kleine Engel zweifelnd.

»Hast du eine bessere Idee?«, gab ich zurück.

Er schüttelte den Kopf.

So gingen wir miteinander zu mir nach Hause, was ziemlich lange dauerte, weil der kleine Engel nur ganz kleine Trippelschritte machen konnte, stiegen in den vierten Stock hinauf, wobei uns Gott sei Dank auf der Treppe niemand begegnete, und heizten in der Küche sofort den Backofen auf. Von da an übernahm der kleine Engel das Kommando.

»Als Erstes brauche ich eine Schürze«, sagte er.

Ich suchte nach der kleinsten Serviette, die ich besaß, und gab sie ihm.

»Sehr schön«, sagte er und band sich die Serviette um. »Jetzt hol mir Wasser.«

»Wie viel?«, fragte ich.

»Einen mittelgroßen Krater voll.«

»Wo soll ich so schnell einen Krater hernehmen?«, sagte ich. »Du musst dein Rezept schon auf irdische Maße umrechnen.«

»Ui«, sagte der kleine Engel. »Das wird schwer.« Dann versank er in ein langes Nachdenken.

»Ich glaube, ich hab's«, sagte er endlich. »Wir brauchen einen Viertelliter Wasser, sechzig Gramm Butter, eine Prise Salz, abgeriebene Schale von einer halben Zitrone, zweihundert Gramm Mehl, vier Eier, einen halben Liter Sahne, sechzig Gramm Zucker und eine halbe Tasse Eiskristallzucker.«

»Du meinst Puderzucker«, sagte ich.

»Ich kenne das Wort nicht«, sagte der kleine Engel. »Jedenfalls muss der Zucker aussehen wie ganz feiner Schnee.«

Zum Glück hatte ich genügend Vorrat im Küchenschrank. Ich kann weder kochen noch backen, aber ich habe mir fest vorgenommen, es eines Tages zu lernen. Zur Übung schaue ich mir schon mal Kochsendungen im Fernsehen an und kaufe die Zutaten, die dort verwendet werden. Der kleine Engel war mit Feuereifer bei der Sache. Er tat Butter, Salz und eine abgeriebene Zitronenschale ins Wasser, brachte es zum Kochen, siebte Mehl, schüttete das Mehl in die Flüssigkeit und rührte so lange, bis der Teig einen Kloß bildete.

»Den Kloß aber erst rausnehmen, wenn er sich vom Topf gelöst hat!«, sagte er warnend.

»In Ordnung«, sagte ich. »Was mich aber noch mehr interessieren würde: Wie hast du denn das mit der Umrechnung hingekriegt?«

»Betriebsgeheimnis«, sagte der kleine Engel entschieden.

»Warum?«, fragte ich gekränkt.

»Weil man die Menge der Zutaten durch die Größe des Himmels und die Zahl der Engel teilen muss, und beides ist streng geheim. Außerdem würde es dein Vorstellungsvermögen übersteigen. Schlag lieber die Eier auf, damit ich sie unterziehen kann, wenn der Teig abgekühlt ist.«

Als der Teig abgekühlt war und der kleine Engel jedes Ei einzeln untergezogen hatte, blickte er sich suchend um.

»Jetzt brauche ich einen Kometenschweif, um den Teig aufs Backblech zu spritzen«, sagte er.

»Kometenschweife fliegen in unserer Gegend relativ selten herum«, antwortete ich spitz. »Vielleicht tut's auch ein Spritzbeutel.«

»Was ist ein Spritzbeutel?«, fragte der kleine Engel.

»Betriebsgeheimnis«, sagte ich ebenso entschieden. »Das würde nun dein Vorstellungsvermögen übersteigen.«

Und der kleine Engel lachte aus vollem Hals, woran man sieht, dass er wirklich ein Engel war.

Dann spritzten wir zusammen viele kleine Windbeutel aufs Backblech, ließen sie zwanzig Minuten lang bei zweihundertdreißig Grad schön goldgelb werden und danach noch zehn Minuten im Ofen abkühlen. Anschließend nahmen wir sie heraus, schnitten sie in der Mitte durch und füllten die untere Hälfte mit geschlagener Sahne. Zum Schluss kam oben ordentlich Puderzucker drauf.

»Die Windbeutel sehen wirklich toll aus«, sagte ich. »Und wie sie duften!«

»Probier mal einen«, sagte der kleine Engel.

»Nein danke«, sagte ich, obwohl ich großes Verlangen danach verspürte. »Nicht auszudenken, wenn gerade der Windbeutel zum Auftrieb fehlen würde, den ich dir weggefuttert hätte. Los, fang an!«

Der kleine Engel nahm einen Windbeutel vom Blech, steckte ihn in den Mund und verdrehte die Augen.

»Köstlich!«, murmelte er mit dicken Backen. »Wie aus dem feurigsten Abendrotofen!«

Dann stopfte er sich einen zweiten Windbeutel in den Mund und einen dritten und danach immer mehr und immer schneller, bis sich sein Bauch wie ein Fußball unter dem Hemdchen wölbte.

Als er zu hüpfen begann, rief ich: »Schnell, hinaus in den Hof!« Denn ich hatte Angst, der kleine Engel könnte wie ein Luftballon in die Höhe steigen und an der Küchendecke hängen bleiben.

Wir rannten die Treppe zum Hof runter, der kleine Engel hüpfend vornweg, ich mit dem Backblech ihm nachstolpernd, und ich war wirklich froh, dass uns wieder keiner aus der Nachbarschaft sah, es hätte sonst bloß ein dummes Gerede gegeben. Aber gerade da begannen die Glocken zu läuten, von nah und fern riefen sie die Menschen in die Christmette, damit sie die Geschichte von der Geburt des Christkinds in Bethlehem hören sollten.

»Ich muss mich beeilen!«, rief der kleine Engel atemlos und griff mit beiden Händen nach den Windbeuteln, die noch auf dem Blech lagen. Vor Aufregung bekam er ganz rote Backen, sein Hemdchen blähte sich wie ein Segel – und als er den letzten Windbeutel verdrückt hatte, hob der kleine Engel langsam, wie eine Feder, die man in die Höhe pustet, vom Boden ab.

»Auf Wiedersehen!«, rief ich und winkte. »Gute Reise!«

Er winkte mit beiden Armen zurück, und während er immer schneller und schneller aufstieg, wuchs er zu einem großen, strahlenden Engel, der den Himmel, so weit man ihn vom Hinterhof aus sehen konnte, erfüllte. Ich blickte ihm geblendet nach und dachte: Alle Welt wird das jetzt für ein wunderschönes Abendrot halten, aber ich weiß, dass es etwas ganz anderes ist.

Dann ging ich ins Haus zurück und wollte das Backblech in die Küche tragen, aber zu meiner Verblüffung war es verschwunden. Auch sonst deutete nichts mehr darauf hin, dass in der Küche gerade noch gebacken worden war.

Das ist ja schon alles ziemlich merkwürdig, dachte ich. Eigentlich kann ich gar nicht backen, und ob es wirklich Engel gibt ...

Ich stellte mich ans Fenster und sah in den trüben Hof hinunter. Es wurde dunkler und dunkler, und ich fühlte eine große Traurigkeit in mir aufsteigen. Plötzlich, als draußen fast schon nichts mehr zu erkennen war, blitzte am Himmel ein allerletzter Sonnenstrahl auf und ließ die Küche glutrot aufleuchten.

»Danke«, sagte ich. »Jetzt weiß ich, dass du gut angekommen bist.«

Dann ging ich ins Wohnzimmer, setzte mich an meine alte Schreibmaschine und begann: »Lieber Joachim, du weißt ja, dass an Weihnachten alles möglich ist ...«

Schöne Bescherung

OLAF NÄGELE

Neulich fragte mich ein Freund, ob ich mich an mein schönstes Weihnachtsgeschenk erinnern könnte. Ad hoc wollte mir so gar nichts in den Sinn kommen. Nicht dass es irgendeinen Missstand zu beklagen gegeben hätte, ich habe bestimmt genauso viele Geschenke bekommen wie alle anderen Kinder auch. In meinem Bett stapelten sich die Kuscheltiere in einem Maße, dass mich meine Mutter jeden Morgen minutenlang suchen musste, bevor sie mich unter den Hasen, Bären, Giraffen und Tapiren hervorziehen konnte. In der Garage parkten meine Fahrzeuge: Dreirad, Roller, Plastik-Traktor, ja, sogar einen Tret-Sportwagen hatte ich, den ich jedoch einbüßte, weil es mein Vater leid war, jeden Abend dreimal um den Block fahren zu müssen, bis er eine Möglichkeit fand, um seinen Ford 17 M abzustellen.

Ich hätte locker eine Straßenzeile mit verschiedensten Spielzeug-Unternehmen füllen können, denn ich hatte alles. Einen Kaufmannsladen, der dem örtlichen Einzelhändler in seinem Sortiment locker Konkurrenz machte. Eine gut funktionierende Küche, die durch ihre Marzipan-Currywürste und Schoko-Pommes berühmt geworden war, einen Waschsalon, eine Bar und sogar eine Poststation nannte ich mein Eigen.

Zu Reichtum konnte ich dennoch nicht kommen, denn mein Bruder minimierte durch unkontrollierte Fressattacken mein Angebot, machte weder vor dem

Inhalt der Waschmittelbehälter, die mit Puffreiskörnern gefüllt waren, noch vor den Briefmarken der Poststation halt. Bezahlen wollte er die Waren natürlich nicht. Stattdessen bot er mir das Papiergeld aus dem Monopoly-Spiel an und als ich das nicht akzeptierte, verzehrte er auch die kleinen bunten Scheinchen.

Später bekam ich meinen ersten Plattenspieler, ein günstiges Monogerät, bei dem der Lautsprecher auch als Abdeckung fungierte und dessen Abspielnadel aus einem Stück Stahl gefertigt sein musste. So tastete das kleine Häkchen die Vinyl-Rille nicht ab, um den Wohlklang hervorzubringen, sondern weitete die Vertiefung mit einem schabenden Geräusch zu einer Furche aus. Diese Platten sollten sich später noch als High-End-Geräte-Killer erweisen, was vor allem Freunde von mir, die diese Scheiben auf ihren teuren Edelanlagen abspielten, mit wenig Wohlwollen aufnahmen.

Aber unter allen Geschenken, die ich jemals erhalten habe, gab es eigentlich nur eines, das die Bezeichnung »Das Beste, das ich je besaß« verdiente: eine Auto-Rennbahn.

Dieser Weihnachtsabend wird mir unvergessen bleiben. In der Nacht hatte es geschneit und die Häuser und Gärten glänzten am Morgen in ihrer blitzsauberen Pudrigkeit. Mein Vater hatte einen kerzengeraden Baum erstanden, den meine Mutter unter Ausschluss der Öffentlichkeit schmückte. Durch das Haus wehte die würzige Duftnote der Gans im Backofen, im Radio liefen wahrhaftige Weihnachtslieder und die Dauerbeschallung durch Whams! »Last Christmas« lag noch in weiter Zukunft.

Die Bescherungszeremonie folgte einem traditionellen Ritual. Wir Kinder mussten auf unseren Zimmern verharren, frisch gebadet und festlich gewandet, bis meine Mutter ein Glöckchen erklingen ließ und sich die Tür zum Wohnzimmer wie von Zauberhand öffnete. Der Schein der Kerzen am Baum spiegelte sich in den roten Kugeln, die langen Lamettafäden blitzten und blinkten.

Ich konnte mein Geschenk nicht übersehen, meine Eltern hatten es nicht eingepackt. Ungeduldig fieberte ich dem Moment entgegen, meine Rennbahn in Betrieb nehmen zu können, aber erst musste ich es ertragen, wie mein Bruder seiner Blockflöte Töne entlockte, die in keine Tonart passten. Nach drei Stücken hatte mein Vater ein Einsehen, vermutlich betrauerte er auch die Investition in den Musikunterricht und wir stürzten in Richtung der Päckchen.

Fassungslos stand ich vor meinem neuen Spielzeug und staunte. Die Rennstrecke bestand nicht etwa nur aus einem plumpen Schienenring, nein, da waren lange Geraden, die in Steilkurven mündeten, sich überquerten und so eine formschöne, nicht leicht zu fahrende Acht beschrieben. Die Fahrzeuge waren in einem originalgetreuen Maßstab nachgebaut worden, die tollkühnen Plastik-Piloten trugen einen eisernen und entschlossenen Blick, der verriet, dass es ihnen klar war, dass sie auf Gedeih und Verderb den Steuerungskünsten derjenigen ausgeliefert waren, die an den Reglern saßen.

Das Beste jedoch an diesem Parcours war, dass er auf eine riesige Holzplatte montiert worden war, so dass sich fortan ein Auf- und Abbau erübrigte. Mit kleinbürgerlichen Überlegungen, wie das Monstrum zu verstauen oder gar zu transportieren sei, hatte sich niemand abgegeben, aber ich hätte zur Not mein Bett aus dem Zimmer geräumt und auf den Schienen geschlafen, nur um in der Nähe meiner Bahn bleiben zu können.

Ich war im vollkommenen Grand-Prix-Glück, ich ließ die kleinen Autos Runde um Runde drehen, stellte einen Streckenrekord nach dem anderen auf und gönnte weder mir noch dem Material eine Pause.

Ewig hätte es so weitergehen können, doch der Zustand des Mit-sich-und-der-Welt-eins-Seins ist brüchig und mit dem Klingeln an der Tür kündigte sich Unheil an.

Das Poltern im Gang und die lärmende Begrüßung verrieten, dass mein Onkel Fred, seine Frau Petra, meine Base Kathrin und mein Vetter Harald im Anmarsch waren. Als mein Cousin, der aus unerfindlichen Gründen ein Rentiergeweih aus Plastik auf dem Kopf trug, die Rennbahn erblickte, flatterten seine Mundwinkel verdächtig. Er sah seinen Vater an und sagte mit zitternder Stimme: »Der hot a Rennboh. I wollt doch au oine.«

Mein Onkel schob ihn beiseite und inspizierte mein Geschenk. Bei der dritten Umrundung lächelte er verächtlich: »Awa, des isch doch koi richtige Rennboh. An billiger Scheiß isch des, weiter nix.«

Er nahm den Regler, der am Boden lag, betätigte den Geschwindigkeitshebel. Mit einem zischenden Laut schoss das rote Rennauto in die Steilkurve, verließ die Bahn, sauste an dem geschmückten Weihnachtsbaum vorbei, verfehlte ihn nur knapp und krachte mit viel Getöse in die Pflanzendekoration auf dem Fenstersims.

»Siehsch! Der Karre hält ja net amol die Spur. Kannsch vergessa, des Deng«, tönte er.

Das Gesicht meines Vaters hatte mittlerweile die Farbe unserer tiefroten Weihnachtskugeln angenommen und es war ihm anzusehen, dass er das Tun seines Bruders keinesfalls guthieß.

»Es isch wie im wahre Leba. Zum Autofahre ghört halt a bissle Gfühl«, giftete er.

Meinem Onkel schwoll sichtbar der Kamm, er plusterte sich auf, gab seinem Sohn einen Klaps auf den Hinterkopf und schubste ihn in Richtung des Fenstersimses.

»Hol mal des Deng! Euch werd i's zeiga, von wega Gfühl!«

Vetter Harald befreite den Wagen aus den Grünpflanzen, verhedderte sich mit seinem Geweih in den Lamettafäden des Baumes, riss sich los und setzte das kleine Gefährt in die Bahn zurück. Onkel Fred gab Gas und erneut schoss das Rennauto unkontrolliert durch unsere Wohnung. Dieses Mal musste ein Porzellanengel dran glauben, der wohl zu keck auf der Baumspitze gethront hatte. Das Fahrzeug traf ihn im Flug, er fiel zu Boden und zerbrach. Verbittert kehrte meine Mutter die Scherben zusammen und stellte sich schützend vor den Baum.

Erst nach einer gefühlten halben Stunde schaffte es Onkel Fred, den Wagen in der Fahrrinne zu halten. Unruhig eierte der Karren über die Strecke, brach nach links und rechts aus, kam aber tatsächlich im Ziel an, ohne weitere Schäden im Zimmer anzurichten. Mein Onkel setzte eine feierliche Miene auf, als der Rundenzähler klickte, und schon forderte er meinen Vater zum Wettkampf heraus.

»Komm, i zeig dir mol, wie mr Auto fährt!«, rief er ihm zu. »Von zwoi Sache versteh i nämlich ziemlich viel. Vom Autofahra und du woischd scho.«

Er zwinkerte meiner Mutter anzüglich zu, seine Frau Petra verdrehte die Augen und Cousine Kathrin verbarg ihr Gesicht in den Händen.

Den Ehrgeiz meines Vaters hatte er allerdings damit geweckt. Wahrscheinlich hatte er ein Leben lang darauf gewartet, seinem älteren Bruder endlich einmal beweisen zu dürfen, was er draufhatte. »Des werda mir glei seha, wer der bessre Fahrer isch.«

Er entriss mir die Steuerung für den blauen Rennwagen, schob beide Autos in die Startposition und blaffte mich an: »Los! Du gibsch des Kommando!«

Unsicher sah ich zu meiner Mutter, die auf ihre Unterlippe biss, dann zu Kathrin, die nervös einen Zweig am Baum entnadelte.

»Pa-pa, Pa-pa«, rief Vetter Harald und Tante Petra tat, was sie immer tat, wenn eine Eskalation drohte: Sie goss sich ein Glas Wein ein, ließ sich müde in den Sessel fallen und sah aus dem Fenster.

Ich gab das Startkommando und die Wägelchen setzten sich in Bewegung. Die beiden Kontrahenten nahmen konzentriert das Rennen auf und zogen ihre Bahnen.

Ohne den Eindruck erwecken zu wollen, parteiisch zu sein: Mein Vater war der wesentlich bessere Pilot, technisch nahezu perfekt. Er wusste, wann er das Gas zurücknehmen musste und wann es Zeit war, etwas zu riskieren. Allerdings war er auch der Meinung, dass es ein fairer Kampf sein müsste, auf den er sich da eingelassen hatte, dabei hätte er seinen Bruder eigentlich besser kennen müssen. Ständig legte der einen Arm auf die Bahn, wie zufällig fiel eine Bierflasche oder die Schale mit Erdnussflips um, immer auf die Spur meines Vaters, um ihn daran zu hindern, seinen Vorsprung auszubauen.

Verbissen kämpften die Brüder um die Vormachtsstellung des besten Autofahrers der Familie. Und auch, als meine Mutter nach einer Stunde fragte, ob man die Bahn nicht wieder für die Kinder freigeben wollte, zeigten sie keine Reaktion. Sie ließen sich Getränke reichen, orderten Schnäpse, brüllten und fuchtelten.

»Gibsch endlich auf?«, schrie mein Vater.

»Nix da!«, gab Onkel Fred zurück und versetzte meinem Vater mit der freien Hand einen Schlag auf den Rücken, so dass der vornüberfiel und mit dem Oberkörper auf die Bahn krachte. Dabei ging die erste Schiene zu Bruch.

»Ihr macht alles kaputt!«, heulte ich.

»Des war dein dämlicher Onkel, weil er net verliera kann«, entschuldigte sich mein Vater.

»Was kann i dafür, wenn ihr so an billige China-Scheiß verschenkat!«, wehrte sich sein Bruder.

Nach einigen Reparaturarbeiten konnte das Rennen weitergeführt werden.

»Komm«, sagte Cousine Kathrin. »Wir gehen in dein Zimmer, Platten hören.«

Sie ging voraus und ich folgte ihr. Bei meinem letzten Blick zurück sah ich gerade noch, wie Onkel Fred seinen Regler nach meinem Vater warf, der sich bei einem Ausweichmanöver auf eine der Kurven stützte, die in Trümmern auf die Platte rieselte.

»Siehsch, hält nix aus. Älles Schrott!«, feixte Onkel Fred und Vetter Harald kicherte.

Kathrin legte mir tröstend den Arm um die Schultern. »Mach dir nichts draus. Du weißt ja, was sie im letzten Jahr aus meinem Barbie-Puppenhaus gemacht haben.«

Mit Schaudern dachte ich an die wenig moralischen Spielchen, die in dem Plastikgebäude unter der Regie unserer Väter abgelaufen waren.

Wehmütig schlich ich ihr hinterdrein und konnte mich auch nicht so recht darüber freuen, dass sie mir die erste LP der Ramones zum Geschenk machte. Immerhin gelang es uns, mit dem Drei-Akkord-Getöse das Geschrei unserer Väter, das von unten heraufquoll, zu übertönen.

Als wir nach einer Stunde das Wohnzimmer wieder betraten, war die Rennbahn weg. Die Kerzen am Baum waren erloschen, es roch nach Wachs, Alkohol und Schweiß.

Mein Vater saß erschöpft in der einen Ecke des Raumes, mein Onkel Fred in der anderen. Meine Mutter und Tante Petra starrten stumm in die Weingläser vor sich, zerkrümelten gedankenverloren ein paar Guatsle und mein Bruder und Vetter Harald sahen sich »Weihnachten auf der Ponderosa-Ranch« im Fernsehen an.

»Und? Wer hat gewonnen?«, fragte ich.

»Wer scho? I natürlich«, antwortete mein Vater und lächelte.

»Nix da. Unentschieden!«, blaffte mein Onkel. »Außerdem musste das Rennen wegen Unbefahrbarkeit der Strecke abgebrochen werden.«

»Für die ja ein gewisser Herr Fred zuständig war!«, konterte mein Vater.

»Ja, und wer hat im letzten Jahr aus Kathrins Puppastub ein Barbie-Bordell errichtet? Des unbedingt in Flammen aufgehen musste, damit mr des Playmobil-Feuerwehrauto vom Harald zum Einsatz bringe konntet?«

Betretenes Schweigen.

Die Rennbahn wurde, wie Kathrins Puppenstube auch, nie ersetzt. So etwas sei doch kein Spielzeug für einen großen Jungen wie mich, lautete die Begründung meines Vaters. Im darauffolgenden Jahr schenkte er mir ein Tennis-Telespiel, das man an den Fernseher anschließen konnte. Mittels eines Handteils ließen sich Schläger rauf und runter bewegen, um einen kleinen weißen Ball in das gegnerische Feld zu befördern. Ich erspare Ihnen die Details, aber immerhin konnte mein Vater meinen Onkel bewegen, dass er als Schadenverantwortlicher eigentlich gleich einen Farbfernseher und kein Modell mehr in Schwarzweiß kaufen könnte. Hat er auch gemacht, da ließ er sich nicht lumpen. Allerdings kam er auch jeden Samstag vorbei, um die Sportschau zu sehen, und genau genommen endete ab diesem Zeitpunkt meine unbeschwerte Kindheit. Aber das ist eine andere Geschichte.

Tannenzäpfele

Bernd Kohlhepp

Tannenzäpfele
Weihnachtsäpfele
Butterkeksele
Spritzgebäckele
Nussgeeckele
Zimtgesternele
Vanillegehörnele
Festtagsbrätele
Fruchtsalätele
und dazu die
Knabbernüsse
das sind
weihnachtliche
Genüsse!

Doch wehe,
der Geschmack vergeht,
verwehen auch die Düfte –
was vom Weihnachtsfescht
Dir bleibt,
siehsch nur Du auf der Hüfte.

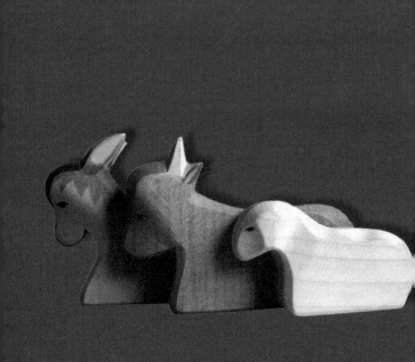

Der doppelte Josef

INGRID GEIGER

»Also, dann übernehmen Sie dieses Jahr mit Ihrer Klasse das Krippenspiel, Frau Fröhlich«, sagte Herr Jäger. »Das ist doch eine wunderbare Gelegenheit für Sie, sich der Gemeinde vorzustellen.«

Als Neue und Jüngste im Kollegium wagte Sandra keine Einwände. Fast bereute sie ihr Versetzungsgesuch, das sie hierherverschlagen hatte, in dieses kleine Kaff auf der Schwäbischen Alb. Sie hatte nur möglichst schnell weggewollt von ihrer alten Schule, wo sie jeden Tag Tobias traf. Und weg aus der Stadt, in der er ihr über den Weg laufen konnte, wenn er Arm in Arm mit Katja durch die Straßen bummelte.

Sie kannte hier immer noch niemanden außer dem Metzger, dem Bäcker, ihren Kollegen und ihren Schulkindern, die sie oft genug nicht einmal verstehen konnte. »Dr Hannes hat mi gschuggt«, hatte gestern ein Kind zu ihr gesagt. Hannes hatte etwas falsch gemacht, so weit hatte sie das begriffen, aber was? Vielleicht sollte man Lehrer, bevor man sie auf die raue Alb schickte, erst einmal einen Sprachkurs absolvieren lassen, dachte Sandra.

Ausgerechnet sie sollte mit den Kindern ein Krippenspiel einüben. Dabei wollte sie Weihnachten dieses Jahr komplett ausfallen lassen, einfach nicht zur Kenntnis nehmen. Keine geschmückte Wohnung, keine Geschenke in glitzerndem Weihnachtspapier, keine Weihnachtsgrüße an Freunde und Verwandte und keine selbst gebackenen Plätzchen. Tobias hatte ihre Zimtsterne geliebt. Ob er mit Katja auch Plätzchen backte?

»Hier sind einige Vorschläge für das Krippenspiel, Frau Fröhlich. Sie können natürlich auch gern selbst zur Feder greifen!« Herr Jäger lachte und reichte ihr ein paar dünne Heftchen über den Tisch. Das fehlte noch!

Sandra hatte sich für das Krippenspiel entschieden, das sie für das einfachste hielt. Nicht zu viel Text, nicht zu lang und ohne viel Gesang. Aber bei der ersten Probe klappte nichts.

»Josef!«

Hier gab es immer Verwirrung, denn in Sandras Klasse gab es einen Jungen, der tatsächlich Josef hieß. Jetzt, beim Krippenspiel, fühlten sich oft beide angesprochen, der Josef aus der 2a und Marias Josef.

Es wäre einfacher gewesen, Josef gleich die Rolle des biblischen Josefs zu übertragen, und genau das hatte der auch gewollt. »I hoiß doch so«, hatte er schüchtern seinen Wunsch geäußert, als die Rollen verteilt wurden.

Dass Josef einen guten Kopf kleiner war als Maria, war das kleinste Problem an der Sache. Darüber könnte man hinwegsehen. Aber er war Sandras schwächster Schüler und wohl kaum in der Lage, sich den Text zu merken und deutlich ins Publikum zu sprechen. Er las noch immer stockend wie ein Erstklässler, kam fast jeden Tag zu spät und mit Schulsachen zur Schule, die selten vollständig waren und ebenso zu wünschen übrig ließen wie sein äußeres Erscheinungsbild. Er kam aus einer Familie, in der es viele Kinder, aber wenig Geld und Unterstützung gab.

Sandra mochte Josef, und seine runden, braunen Augen hatten sie bittend angesehen, aber sie wollte ihm eine Blamage ersparen, und wenn sie ehrlich war, vor allem sich selbst.

»Ich glaube, das ist keine so gute Idee, Josef. Für diese Rolle musst du viel zu viel Text auswendig lernen«, hatte Sandra ihm erklärt. »Möchtest du einen von den Hirten spielen?«

Josef hatte den Kopf geschüttelt. »Wenn i net de Josef spiele darf, na will i den Her..., den Herber...«

»Den Herbergsvater?«, hatte Sandra ihm auf die Sprünge geholfen.

»Ja, den will ich na spiele.«

Nun gut. Der Herbergsvater hatte nur einen Satz zu sagen: In meiner Herberge ist kein Platz. Das würde wohl auch Josef schaffen.

So hatten sie's besprochen. Und jetzt? Jetzt stand Josef da wie Pik 7 und kein Ton kam aus seinem Mund.

»Josef, dein Auftritt!«

Josef trat verlegen von einem Fuß auf den anderen, öffnete den Mund und schloss ihn wieder. Die anderen Kinder wurden unruhig. »Los, Josef, jetzt mach schon!«

»In meiner Herberge ...«, versuchte Sandra ihm zu helfen.

»I kann des net sage.«

»Was ist denn so schwer daran zu sagen: ›In meiner Herberge ist kein Platz?‹«

Selbst ein Schwabenkind würde diesen Satz in Hochdeutsch herausbringen können, und wenn nicht, dann würde das Publikum ihn sicher auch auf Schwäbisch verstehen.

Josef stiegen Tränen in die Augen.

»D Maria kriegt doch a Kendle. Und se isch doch scho so müd, weil se so weit glaufe isch. Da kann i se doch net oifach wegschicke.«

Josefs Mitleid rührte Sandra. »Aber warum hast du dich denn dann für die Rolle des Herbergsvaters gemeldet?«

»I han doch gar net gwisst, was en Herbergsvadder isch und was der sage muss. I han halt denkt, wenn i scho net de Vadder vom Jesuskendle spiele derf, na wenigschdens en andre Vadder.«

Was sollte Sandra tun? Die Rolle noch einmal umbesetzen? Nein, entschied sie, das würde alles durcheinanderbringen. Es brauchte seine Zeit, aber schließlich hatte Sandra Josef überredet, den bewussten Satz zu sprechen.

Als sie nach Hause kam, begegnete sie im Treppenhaus ihrer Nachbarin Frau Schneider. Die lebte sehr zurückgezogen, bekam, soweit Sandra das beurteilen konnte, nur selten Besuch und war einem Schwätzchen deshalb nie abgeneigt.

»Grüß Gott, Frau Fröhlich. Sie sehen aber müde aus. Haben Ihre Kinder Sie heute so angestrengt?«, fragte sie freundlich.

»Angestrengt ist gar kein Ausdruck«, seufzte Sandra. »Wir hatten heute Probe fürs Krippenspiel. Die Kinder haben ihre Blätter vergessen, können ihren Text nicht, hampeln herum, passen nicht auf ... Na ja, sie müssen für die Proben jetzt jeden Mittwoch eine Stunde länger dableiben. Da sind sie natürlich auch müde. Überhaupt haben die Eltern und Großeltern wahrscheinlich mehr Freude an der ganzen Sache als die Kinder. Allerdings nicht, wenn's so weitergeht, dann gibt es an Heiligabend eine Katastrophe.«

»Aber nicht doch!« Frau Schneider tätschelte Sandra beruhigend den Arm. »Sie werden sehen, an Heiligabend wird alles prima klappen.«

Sandra erzählte, dass sie auch für die Kostümierung schwarzsehe. Sie hatte sich etwas mehr Unterstützung von Elternseite erwartet, aber die war bisher weitgehend ausgeblieben.

»Ich glaube, ich hätte da was für Sie«, sagte Frau Schneider und bat Sandra eifrig in ihre Wohnung.

Sandra war noch nie in Frau Schneiders Wohnung gewesen. Sie schaute sich neugierig um. Während Frau Schneider im Schlafzimmer verschwand, um etwas zu holen, betrachtete Sandra interessiert die Fotos, die in silbernen Rahmen auf dem Sideboard aus dunkler Eiche standen. Ein älterer Mann mit einem runden, freundlichen Gesicht lächelte sie an, vermutlich Frau Schneiders verstorbener Mann. Daneben stand ein schwarz-weißes Hochzeitsfoto, auf dem Sandra das Ehepaar Schneider in jungen Jahren zu erkennen glaubte. Dann gab es noch ein Hochzeitsfoto aus neuerer Zeit und ein Bild, welches das gleiche Paar mit zwei halbwüchsigen Kindern zeigte.

»Das ist Thomas, mein Sohn, mit seiner Familie«, erklärte Frau Schneider, als sie aus dem Schlafzimmer zurückkam. »Sie leben jetzt in Amerika. Mir fehlen sie schon sehr. Ich sehe sie halt nur einmal im Jahr. Schauen Sie mal«, sagte sie dann und zeigte Sandra stolz einen Trachtenjanker und einen Tirolerhut in Kindergröße, die wohl einmal Thomas gehört hatten.

»Das könnte doch für einen kleinen Hirten passen, was meinen Sie? Ich würd's Ihnen gern ausleihen. Sie passen ja sicher drauf auf.«

Wenn ihr Augenmaß Sandra nicht trog, dann war die Jacke für ihre Hirten zu klein, aber Josef könnte sie passen. Für ihn müsste sie in jedem Fall etwas zum Anziehen besorgen, seine Mutter würde sich wohl kaum um eine Kostümierung kümmern.

»Vielen Dank, Frau Schneider, das nehme ich gerne an. Aber dann müssen Sie auch an Heiligabend zum Krippenspiel kommen«, sagte Sandra und hoffte, sie und die Kinder würden sich nicht allzu sehr blamieren. Aber falls es so kommen sollte, dann kam es auf eine Zuschauerin mehr auch nicht an.

Der große Tag war da. Sandra spähte durch den Türspalt in den Kirchenraum, wo Pfarrer Rupp ein Gebet und einige einführende Worte sprach. In seinem Talar wirkte er noch größer und schlanker als dienstags und donnerstags, wenn Sandra ihn in Jeans in der Schule traf, wo er den evangelischen Kindern Religionsunterricht erteilte. Er war kaum älter als Sandra und dies war seine erste eigene Gemeinde. Aber im Gegensatz zu ihr schien er sich hier schon gut eingelebt zu haben. Sie mochte seine freundliche, unkomplizierte Art und sein offenes Lachen.

Hinter ihrem Rücken summte es wie in einem Bienenstock. Jetzt stimmte die Orgel »Ihr Kinderlein kommet« an und die Gemeinde fiel mit kräftigen Stimmen ein. Das war Sandras »Stichwort«. Sie drehte sich um, ordnete die Kinderreihe, brachte sie zur Ruhe und schickte sie auf den Weg in die Kirche. Sie war versucht, Josef zu ermahnen, seine Rotznase nicht am Ärmel seiner Jacke abzuwischen, wie er das in der Schule häufig tat, aber selbst er sah heute so sauber und ordentlich aus in Frau Schneiders Jacke, dass sie sich die Worte verkniff.

Die Kinder nahmen vor dem Altar ihre Plätze ein und auf Sandras Zeichen nahm das Spiel seinen Anfang. Alles lief gut und sie begann gerade, sich ein wenig zu entspannen, als der biblische Josef mit seinem Stock an die bemalte Pappwand der Herberge klopfte. Zunächst geschah gar nichts, dann trat der Herbergsvater Josef zögernd hinter der Wand hervor. Marias Josef begehrte Einlass, erhielt aber keine Antwort. Josef schaute seinen Namensvetter und Maria an, dann zu Pfarrer Rupp hinüber und schließlich in Sandras Richtung. »In meiner Herberge ...«, formten Sandras Lippen lautlos, aber deutlich sichtbar die Worte. Nichts. Marias Josef versuchte sein Glück noch einmal, aber auch diesmal blieb die Antwort aus. Jetzt flüsterte Sandra Josef seinen Satz leise, und als er immer noch nicht reagierte, so laut zu, dass er bestimmt bis zur dritten Reihe deutlich zu hören war. Endlich fasste Josef sich ein Herz.

»Na kommet halt rei«, sagte er laut und deutlich, wenn auch mit einem leichten Zittern in der Stimme. »D Maria kann in meim Bett schlofe. I schlupf na heut Nacht zur Emma ins Bett.« Emma war Josefs ältere Schwester.

Im Publikum waren unterdrückte Lacher zu hören. Sandra stand wie versteinert, dabei hätte sie jetzt dringend eingreifen müssen, denn Maria und Josef kamen der Aufforderung nach und folgten dem Herbergsvater hinter die Pappwand seiner Herberge. Das brachte den kleinen Wirt, der neben der Herberge hinter einer anderen Wand auf seinen Einsatz wartete und Maria und Josef seinen Stall anbieten sollte, total aus dem Konzept. Schließlich kam er hervor und sah Sandra hilfesuchend an. »Was soll i denn jetzt sage?«, fragte er sie leise. Da übernahm Pfarrer Rupp die Regie. Er ging auf den Jungen zu und flüsterte ihm etwas ins Ohr. Der nickte, nahm seine neben ihm stehende »Frau« bei der Hand und sagte: »Komm, wir gehen rüber und helfen Josef, das Bett zu richten.« Gesagt, getan. Und als die beiden ebenfalls aus dem Sichtfeld der lachenden Zuschauer verschwunden waren, nahm das Spiel ohne weitere Störung seinen Gang. Der Engel verkündete Jesu Geburt, Maria und Josef saßen mit der großen Babypuppe im Arm vor der Herberge und die Hirten und Weisen kamen, um das Jesuskind zu beschenken und anzubeten.

Als das Spiel zu Ende war, wurden die Mitwirkenden mit einem langen, herzlichen Beifall belohnt. Pfarrer Rupp lobte Sandra und die Kinder, dann ging er zu Josef und legte ihm seinen Arm um die Schulter.

»Ich möchte noch etwas zu Josef sagen. Josef ist nicht besonders groß. Und er ist auch nicht besonders stark. Aber er ist ein besonders mutiger Junge.« Die Kinder schauten ihn ein wenig ungläubig an. »Ich weiß nicht, wer von uns den Mut gehabt hätte, hier vorne zu stehen und vor so vielen Leuten nicht das zu sagen, was man von ihm erwartet, sondern das, was er selbst gut und richtig findet. Auf sein Herz hören und nicht auf das, was die anderen einem einflüstern, das ist die Weihnachtsbotschaft. Mitleid haben, jemandem helfen, der in Not ist. Wenn es sein muss, für eine Nacht sein Bett einem anderen überlassen und zur Emma unter die Decke schlupfen.« Die Zuhörer lachten. »So, jetzt will ich aber aufhören zu predigen«, sagte Pfarrer Rupp schmunzelnd, »schließlich wartet ihr alle gespannt auf die Bescherung. Ich wünsche euch und Ihnen allen ein frohes, gesegnetes Weihnachtsfest. Zum Schluss singen wir gemeinsam das Lied ›Stille Nacht‹.«

Der kleine Josef, der für seine eigenmächtige Aktion wohl eher mit Tadel als mit Lob gerechnet hatte, stand stolz und verlegen vor der Gemeinde und sang laut und ein wenig falsch von Jesu Geburt, die dank seiner Hilfe in diesem Jahr nicht in einem Stall, sondern einer Herberge stattgefunden hatte.

»Und wo feiern Sie heute?«, fragte Pfarrer Rupp, als sie gemeinsam die Kulissen und Requisiten aufräumten.

Sandra zögerte. »Zu Hause.«

»Ganz allein?«

Sie zuckte mit den Achseln. »Es macht mir nichts aus«, schwindelte sie. Sie fühlte Pfarrer Rupps prüfenden Blick auf sich gerichtet.

»Das kommt ja gar nicht in Frage. Sie kommen heute Abend zu uns. Meine Mutter ist eine ausgezeichnete Köchin und sie ist immer froh, wenn sie viele Leute bekochen kann. An unserem Tisch gibt es neun Plätze, sechs sind von Familie und Freunden besetzt, die anderen drei sind für Überraschungsgäste reserviert. Sie wissen doch, an Heiligabend sollte immer ein zusätzliches Gedeck auf dem Tisch liegen. Na ja, bei uns sind es sogar drei und eines davon ist für Sie. Keine Widerrede. Und ich finde, das lästige Sie könnten wir bei der Gelegenheit auch gleich abschaffen. Ich heiße Simon.«

So kam es, dass Sandra zwei Stunden später in geselliger Runde am langen Tisch im Pfarrhaus saß – neben Frau Schneider. Denn als Simon mitbekommen hatte, dass auch sie den Heiligabend allein zu Hause verbringen würde, hatte er sie gleich mit eingeladen.

Frau Schneiders Nachbar zur Linken hatte ihr gerade von der Möglichkeit erzählt, mit dem Computer über das Internet mit ihrer Familie in Amerika sprechen und sie gleichzeitig auf dem Bildschirm sehen zu können. Sie besaß zwar bisher keinen Computer, aber das konnte man ja ändern, berichtete sie Sandra begeistert.

Sandra schaute zu Simon hinüber, der ihr gegenübersaß. Sie hatte wohl seinen Blick gespürt. Er hob sein Weinglas und prostete ihr lächelnd zu.

»Auf deinen gelungenen Einstand in der Gemeinde.«

Vielleicht war es doch gut, dass Herr Jäger ihr das Krippenspiel aufs Auge gedrückt hatte. An Tobias hatte sie den ganzen Abend noch keinen Gedanken verschwendet. Und sie hatte sich schon lange nicht mehr so wohl gefühlt.

»Auf Weihnachten«, sagte sie und erwiderte Simons Lächeln.

Frei de heit

BERNHARD BITTERWOLF

D'Adventszeit isch jo jeds Johr gleich: Ma hetzt von oinr Besinnung zur nächschta! Kaum Zeit zum Verschnaufa, d'Nerva lieget blank, alle sind greizt und ganget sich, wenn's goht, aus'm Weag.

An sellem Morga hon i beim Frühstück a bissle mit meiner Frau zerflet, ich woiß scho gar nemme, warum, bin dann aus'm Haus und zua meim Auto gloffa. Mi hot schier dr Schlag troffa, wo i scho vo weitem gsäah hon, dass en Zettel unter meim Scheibawischer bäbbet isch. Des darf doch it wohr sei, scho wiedr en Schtrofzettel, war mein erster Gedanka – mein Bluatdruck isch sofort wiedr in d'Höhe gschnellt!

Abr noi, des war koin Schtrofzettel: Auf dem Blättle war a Melodie notiert, mit ma Text; und a Zoichnung von de heilige drei Keenig war au drauf. Und dia drei Heilige hond vielleicht ausgseha! Alle drei waret a bissle verratzt azoga, dia Krona send schepps auf de Häupter ghanget, alle drei hont trotz ihre runde Bäuchla en abkämpfta Eidruck gmacht, oinr hot a riesige Knollanas mittla em Gsicht ghet – aber alle drei hond gstrahlt und glachet übers ganz Gsicht! Gsunga hont se: Frei de heit, sonsch hosch du morga a oagnehms Geschdern!

Wo i des glesa und dia Nota aguckt hon, hot sich dia Melodie glei en meim Kopf feschtgsetzt ond i hon au a ganz broits Schmunzla em Gsicht ghet. Im Büro hon i noch des Blättle a baar Mol kopiert und meine Kollega hälenga auf d'Schreibdisch glegt. Plötzlich war überall a Kichra, Lacha und Summa zum höra. Alle waret ganz entspannt, hont mitanand gschwätzt und immer wieder hont a baar versuacht, den Kanon mit dem netta Text zum singa.

Obends hon i dann weitere Kopia von dem Blättle bei de Nochbr en d'Briefkäschda gschmissa und undr alle Scheibawischr von de Fahrzeug en meinra Schtroß hon i au solche Zettel klemmt.

I ka eich saga, des war a Freid! An de nächsta Obend hont d'Leit sich gegaseitig bsucht und immer wiedr gfroget, woher des Bildle mit dem Liad wohl schtammt. Ma isch zammaghocket, hot a Viertele mitnand drunka und öfters war duassa auf dr Gass dia Melodie zum höra.

Mit so ra Kleinigkeit kasch de ganz Stimmung inna andre Richtung lenka. So entspannt war d'Adventszeit en de Johr vorher no nia. D'Leit hont scheint's scho a Sehnsucht noch Ruha und noch Freid.

Probieret's oifach mol aus! So en kloina Zettel, en kurza Brief mit was Nettem drauf ka echt a klois Wunder verursacha!

Geschenkt

Eberhard Rapp

Ach, ich freu mich jedes Jahr:
Weihnacht wird's, wie wunderbar!

Im Juli seh ich schon Kalender –
»Kender, jeddsd kommd bald dr Wender!«

Kurz im August noch Urlaub machen,
denn dann gibt's nichts mehr zu lachen.

Was, wir haben längst September?
Hier riecht's betörend nach Dezember
und manch kleiner Filius
will jetzt Spekulatius …

Oktober wird's, nicht mehr viel Zeit,
die fürs Geschenkekaufen bleibt.

Was schenk ich nur der Schwiegermutter,
vielleicht französ'sche Kräuterbutter?
Und was kauf ich meiner Frau?
Ein Kochbuch soll sie freu'n, genau!
Dem Schwiegervater schenk ich Wein,
für Papa wird's auch richtig sein.
Und der Sohn kriegt nen Computer:
»Den wolltest du doch, gell, mein Guter!«
Für Mama gibt's ein Parfüm,
farblich passend zum Kostüm.

Ich geb mir wirklich jede Mühe,
auf dass der Einzelhandel blühe.

Ab November heißt es laufen
und schau'n, was andre denn so kaufen.
Ach, Mütter wollen keine Butter?
Die Frau will Frau sein und nicht Mutter?
Ooh, hätte ich das nur geahnt,
dabei hab ich so gut geplant ...
Gut, dann gibt es halt zwei Ringe,
und den teureren kriegt Inge.
Und statt einem Fläschchen Wein,
soll's diesmal was Besondres sein.

Doch wo werd ich alles finden?
So langsam mir die Sinne schwinden
und in jeder freien Stunde
dreh in der Stadt ich meine Runde.
Welch ein Gerenne, ein Geschiebe,
alles wegem Fest der Liebe,
in der Rippe Ellenbogen,
»es tut mir leid«,
wird schnell gelogen.
»Stille Nacht« um mich ertönt,
die Fahrt im Aufzug wird verschönt,
hier trällert Ella nonstop leise
die wohlbekannte Weihnachtsweise.

Ich interessier mich für Kaffee
und parallel auch gleich für Tee.
Ich geh in jeden Bücherladen
und spüre langsam meine Waden.

Auch Haushaltswaren find ich toll,
bin nicht der Einz'ge, 's Gschäft isch voll.
Laptop, iPhone, alles schreit:
»Kauf mich bloß, 's wird höchste Zeit!«
Ob Krawatte, ob Pullunder,
die Zeit verrinnt, ich wart auf 's Wunder.
Ganz sicher wär ein großer Knüller
dieser in Holz gefasste Füller.
Apropos Holzfass, vielleicht Schnaps
für den meist abstinenten Paps?
Ich könnt's ja trotzdem mal versuchen,
schon tu ich 's Fachgeschäft besuchen.
Wie wäre es denn mit Laphroaig
oder nem andren Teufelszeug?
Man bietet mir ein Gläschen an,
dem ich mich nicht verwehren kann.
Ich spüre Rauch auf meinen Lippen
und merke, es macht Spaß, das Nippen.
Mal riecht's nach Honig, nach Vanille,
mal riecht's nach Regen im April
und auch nach frisch gemähter Wiese,
»ach, ich glaub, ich nehme diese«.

Der Händler packt die Flasche ein.
Die Väter kriegen wieder Wein.

Dr dridde Ma

*oder: worom mei Oma am Niggelausobed
nemme Zither spielt ...*

EDI GRAF

Agfanga hot des Gschichtle, wo i etzt verzähla will, an dem Obed, wo dr Niggelaus bei ons agruafa hot ond gsagt hot, dass er net komma ka.
Dr Babba, d Mamma, d Oma ond dr Opa send en der Stub ghoggt ond hend so laut gschwätzt, dass i han net schlofa kenna. Drum han i älles ghört, was se an dem Obed ausgmacht hen. I han ja probiert zom schlofa, aber wo mein Opa zum Niggelaus »Schofseggel« gsagt hot, war i glockahell wach!

»Des hedd dem Schofseggel ao früher eifalla kenna, dass er des Johr am Niggelausobad koi Zeit hot«, hot er gschompfa, ond d Oma hot gmoint, dass mr am Niggelausobed als Niggelaus oifach Zeit zum han han sodd.

»Des nützt doch älles nix«, hot d Mamma gsagt, »dr Bua braucht en Niggelaus, so wie der sich en ledschter Zeit benimmt!«

Oje, do drmit war i gmoint.

Drbei glaub i scho lang nemme, dass dr Niggelaus dia böse Kender en sein Sack steckt. Mr singt jo schließlich »Nigglaus ischt ein GUTER Mann« ond i han ao letscht Johr em Kindergarta genau ufbasst, ob dr Max ond dr Felix am Dag noch em Niggelausobed ao wieder kommed. Weil dia zwoi send dia gröschte Schbitzbuaba em Kindergarte gwea.

Freilich waret se do, ond se hen vrzählt, dass ihr Niggelaus net amol en Sack drbeighed hot, geschweige denn en Ruprecht! Se häbet bloß en Haufa Gschenkle kriegt, ond no sei dr Niggelaus wieder abzoga.

Ond er sei middem Mercedes do gwä, net middem Rentierschlidda!

Sein Huad – also sei Mitra – häb genau durchs Schiebedach basst, hen se verzählt, ond sein roter Mantel sei zur Dür nausghängt ond häb em Dreck gschloift, wo er losgfahra sei.

»Ond woher willsch so schnell no oin bringa, zwoi Däg vor em Niggelaus?«, hot dr Babba jetzt gfrogt. Ond noh hot d Oma gsagt: »Noh machsch en halt du!«

I han erscht denkt, i hör net recht!

Wieso »machsch«?

Dr Niggelaus ISCH doch!

Den MACHT mr doch net!

Ond uf oimol isch mir klar worda, dass die vier in dr Schtub do en ganz omeglicha Plah ausgheckt hen: Dia wellet mir statt em echta Niggelaus bloß a billige Kopie schicka!

Ond tatsächlich: Des ganze Gschpräch hot sich jetzt bloß no drom dreht, wia mr dr echte Niggelaus am beschta nochmacha könnt. Ond des hot sich so aghört:

Babba: »I?«

Oma ond Mamma: »Klar, du!«

Oma: »Ond dr Opa macht da Ruprecht!«

Babba: »Aber mir hen jo net amol a Gwand!«

Mamma: »I kennt dir dein Badmantel rot färba!«

Babba: »Noh seh i jo aus wie dr Weihnachtsma von Coca-Cola!«

Opa: »Ond dr Bart?«

Mamma: »Wadde!«

Opa: »Ha?«

Mamma: »Wadde! Bäbb ond Wadde!«

Oma: »Oder Rasierschaum!«

Babba (gnervt): »I ka mr jo ao den weißa Badvorleger, wo aussieht wie a Eisbärafell, om d Gosch rombinda!«

Opa: »Noh brauchsch no a Mitra ond en Schtab!«

Oma: »Mein neia Schrubber hot doch en silberna Schtiel.«

Mamma: »Ond d Mitra müsset mr halt aus ma Babbadeggel zuaschneida. Rote Wasserfarb ond Goldbabier, fertig!«

Babba: »A Glöckle hemmer ao koins!«

Oma: »Do ka mr mit ma Löffel en ra leera alta Kaffeetass kläppra.«

Opa: »Als Onderkloid nemmsch mei alds weißes Nachdhemmad, dia alde schwarze Schdiefl und fertig isch dr Niggelaus!«

Babba: »Prima! An Niggelaus, wo aussieht wie a Kreizong zwischa Gardazwerg und Fasnetsbutz! Ohne mi!«

Opa: »Noh mach halt i den Niggelaus! I han doch no so a Blaschdigmask uf dr Bühne, mid ma weißa Bart ond ra rota Zipfelkapp dra. Do han i scho mol em Bauratheater dr Weihnachtsma gschbielt.«

Oma: »Awa, des isch doch zwanzg Johr her!«

Opa: »Na ond? Des Mäskle isch prima. Ond des rote Gwand von dem Weihnachtsma – müsst des net ao no do sei?«

Oma: »Des war so en billiga Filzlabba, do han i scho längscht Butzlomba draus gmacht!«

Mamma: »Mr könnt ao ausm rota Vorhang em Wohnzemmer en Umhang näha!«

Babba: »Awa, der hot doch a Bluma-Muschter, do siehsch aus wie oiner von de drei Musketier!«

Opa: »Des isch mir doch egal. Hender dem Mäskle, do kennt mi jedafalls koi Sau, ond dr Jong scho glei gar net!«

Oma: »Noh wär dr Niggelaus also azoga.«

Mamma: »Fehlt bloß no der Ruprecht!«

Babba: »Was guggsch do mi so a? I mach ganz gwieß koin Ruprecht!«

Oma: »Ja, wer denn sonsch?«

Opa: »Also dr Ruprecht isch jo wirklich koi Problem! Mei grauer Regamantel mid dr Kabbuz, Gommischtiefl ond oins von dene Katzafell, wo da iberfahra hosch, als Bart – fertig!«

Babba: »So lauf i uf jeda Fall net rom!«

Mamma: »Ond ob! Du brauchsch jo nix doa ond kasch die ganz Arbet em Niggelaus iberlassa. Des isch doch a Traumroll, für di als Beamter!«

Opa: »A bissle en Bart neibrommla, mid dr Ruat winka ond Gschenkle verdoila, deschd älles!«

Uf oimol isches en dr Schtub ganz leis gwä. Fascht oheimlich.

Ond mir isch ganz schlecht gworda bei dem Gedanka, dass zu mir schtatt em echta Niggelaus dr Opa mit ra Fasnetsmask ond dr Babba mit ma Katzafell em Gsiecht kommet!

Noi!

Des han i net wella!

Aber was han i macha kenna?

Do ben e glega, en meim Bettle, ond han weiter glauscht. Aber nochdem d Oma zom Babba ond Opa gsagt hot, se sollet net so laut schreia ond d Mamma d Schtubatür zuagmacht hot, han i nix meh vrschtanda.

Irgendwann bin e noh eigschlofa ond han vom Niggelausobad träumt. Des war koi scheener Traum!

Am nägschda Morga hemmer en dr zwoita Schtond Reli ghet.

En dr erschta Klass hot bei ons en dr Grundschual dr Herr Pfarrer Häfele persenlich dr Relionderricht gmacht. I ben direkt noch dr Relischtond zum Herr Pfarrer ganga ond han gsagt: »Herr Pfarrer, du hosch doch en guata Droht en Hemmel nuf. Kenndesch du net mol froga, ob zu mir morga net doch dr echte Niggelaus komma ka? Oder wenigschtens en gscheida Ersatzspieler?«

Ond noh hanem vrzählt, was se bei mir drhoim am Obed vorher ausgmacht hen. Dr Herr Pfarrer Häfele hot bloß da Kopf gschüttelt ond mir vrschprocha, er däd sich persenlich drom kümmra.

I war so weit zfrieda.

Wo noh en Dag schbäter dr Niggelausobed komma isch, war i trotzdem ziemlich ufgregt.

Dr Dag hot wie emmer mit dr Mamma ihre Schtandardschprüch agfanga: »Hannesle, heit Obed kommt jo dr Niggelaus! Warsch ao liab? Hosch ao dei Zimmer aufgräumt? Hosch ao emmer gfolgt?«

Saubleds Gschwätz! Des hot se doch selber am beschta gwisst, aber Hauptsach mir a schlechts Gwissa macha! Nigglaus ischt ein GUTER Mann, han e denkt ond han se schwätza lassa.

D Oma hot ihr Zither, wo s ganz Johr uf ihrm Schlofzemmerschrank glega isch, auspackt ond hot se gschtemmd. Bei ons isch es Traditio', dass am Heiliga Obed no Weihnachtslieder gsonga werdet, ond mei Oma schbielt noh emmer Zither drzua. Meischtens »Ihr Kinderlein kommet«, »O Tannenbaum« ond s Liadle vom Owilacht, wo's en dr dritta Schtroof hoißt: »Gottes Sohn, Owilacht.«

Dr Niggelausobed isch für mei Oma emmer d Generalprob für Weihnachda. Do singet mr no »Luschdig, luschdig tralalalala« ond »Leise rieselt der Schnee«, obwohls meischdens net rieselt, sondern regnet.

Am Niggelausmorga hemmer en Reli a Vertretung ghet, weil dr Herr Pfarrer Häfele net do war. Ond middla en dr Relischtond isch doch tatsächlich dr Niggelaus auftaucht. Ond zwar dr echte!

Des woiß i gwieß, weil er hot net bloß a echte Mitra ghet ond en echta goldena Bischofsschtab, sondern hot ao zu mir gsagt: »Du bisch doch dr Hannes, ond du hosch dir doch gwünscht, dass en richtiga Niggelaus zu dir kommt, gell?«

Ond woher hätt der des denn wissa solla, wenn's net dr echte Niggelaus gwäsa wär?

I han noh gsagt: »Jo, heiliger Sankt Niggelaus, des wär klasse, wenn da des eirichta könntesch, ond am liabschta du selber!«

Er hot noh en seim goldena Buach guggd ond hot gnickt. So gega siebene däds em langa, hot er gsagt und i han me saumäßig gfreut.

Solang dr Niggelaus noh do war, sen drei aus meiner Klass komma ond hend en gfrogt, ob se net ao drbei sei dürfdet, wenn er zu mir hoim kommt. Dr Niggelaus ond i hend nix drgega ghet.

Mei Mamma isch aus älle Wolka gfalla, wo's am Obed gschellet hot ond dr Leon mit seiner Muader ond d Alisa mit ihre Gschwischter ond Eltern ond dr Jonas mit seiner Familie vor dr Dür gschtanda sind.

I han bloß gsagt, se brauch sich koine Sorga macha wega de Gschenkle, weil i han jo gwisst, dass dr echte Niggelaus kommt, ond der hot ja emmer für älle Kender ebbes drbei. D Schtub war voll, aber weil's dr Babba ond dr Opa mol wieder net hen richta kenna, hots mit de Plätz grad so glanget.

D Oma ond d Mamme hent sich zwar aguggt ond mid de Auga grollt ond i han hört, wie d Mamme gflüschtert hot: »Dr Opa hot dr Schtab vergessa, den schtell i em no vor d Dür!«

»Wo sen denn die zwoi denn iberhaupt?«, hot d Oma gfrogt.

»Ha, em Oxa, do ziaget se sich em Nebazemmer om«, hot d Mamma gsagt. »Ond trinket sich no Muat a, dia Suffköpf!«

Noh isch mr en d Schtub ghoggt ond d Oma hot afanga zithra. Em Adventskranz hots erschte Kerzle brennt, d Mamma hot ihre guate Schprengerle schprenga lasse ond emmer wieder nervös uf d Uhr guggt.

Uf oimol hot mr drussa vor em Haus ebbes bockla hera, ond dr Babba hot gschria: »Welcher Schofseggel hot denn den Schrubber so bled über da Weg glegt?«

»Uje, der isch mr omgfalla«, hot d Mamma ganz verschrocka gruafa ond isch zur Dür grennt. D Oma hot grad noh s »Kufschteiner Lied« fertig gschbielt, no hots em Hausgang kleppret ond mr hätt moina kenne, s schellet a Glöckle.

I han uf d Uhr guggt. Drei Viertel siebene! Des war dr Niggelaus!

Digelingeling hots gmacht, en Schlag doa ond plötzlich sen weiße Porzellanscherba em Hausgang uf em Schtoiboda Richtung Schtub gfloga.

»Mei Gschirr!«, hot d Oma gschria ond isch schier iber ihr Zither neigfloga. »Etzt hot der Bachel oine von dene nagelneie Kaffetassa aus Südtirol als Niggelausglöckle gnomma, mit em Schraubazieher als Klöppl!«

Em gleicha Moment isch d Mamma kreidebloich en dr Dür uftaucht ond hinter ihr dr Niggelaus.

Wo der so en dr Wohnzimmerdür gschtanda isch ond mit vrschtellter Schtimm »In Gemütlichkeit, Amen!« gsagt hot, isch mir klar gworda, dass mein Plan schiefganga isch.

Von wega echter Niggelaus! Seine zwoi Ersatzspieler hot er gschickt, ond was für welche:

Em Niggelaus isch onser blumiger roter Wohnzimmervorhang von dr Schulter ghängt, en dr oine Hand hot er dr Oma ihrn Schrubber mit em silberna Schdiel ghet – oba a Goldborde dromgwicklet – ond en dr andere s Goldene Buach »Winnetou I«, halba en Alufolie eigschlaga. Vom Opa seim Gsicht hot mr nix gseha, weil er so a Plaschtikmäskle mit weißem Waddebart ond roter Zipfelkabb ufghet hot.

Dr Babba als Ruprecht hot ausgseha wie dr Opa, wenn er für seine Hasa Fuader holt, en seim graua Regamantel mit Kabbuz ond de greane Gommischtiefl. Bloß durch den Katzafellbart hot er a Gsicht ghet wie en Waldschrat an dr Fasnet. Er hot gherig mid dr Ruat gfuchtlet ond en sein Katzafellbart neibrummlet.

Dr Opa hots do net so leicht ghet. Mit vier Sacha en zwoi Händ war dr Niggelaus leicht iberfordert: Vom Kaffetassaglöckle war zwar bloß no dr Henkel ibrig, aber en dr gleicha Hand hot er ao no da Sack mit de Gschenkle traga ond en da andera dr Karl May en Alufolie ond dr Oma ihrn Schrubber. Den hot er als Erschtes abgschtellt ond do drbei schier d Wohnzimmerlamp von dr Decke rabgschlaga. D Mamma isch mit ma Schroi ufgschprunga ond hot dia Lamp en ihre Schwingunga ausbremst.

Noh hot dr Niggelaus sich gräuschbert ond dia Vorschdellong hot agfanga.

Erschter Akt: Begrüßung der Kinder durch den Niggelaus.

Mr hot em Opa an dr Schtemm agmerkt, dass er nemme ganz nüchtern war. Später hot mir dr Felix, dr Bua vom Oxawirt, wo zu mir en d Klass goht, gsagt, dass dia zwoi bei dr Vorbereidong zu ihrm Uftritt drei Halbe ond zwoi Willy trunka hättet. Jeder. Entsprechend hot dr Opa glallt: »Advent, Advent, äh ... dr Chrischtboom brennt ...!« (Große Denkpause.) »Do ka dr Nigglaus nix drfür, er ischt heut mit dem Ruprecht hier!«

Zweiter Akt: Gemeinsames Singen vom Niggelausliad.

D Oma hot zischt, er soll ao koin so en Scheiß rausschwätza, ond noh hot se agfanga, uf dr Zither s Niggelauslied zom spiela.

Ond dr Leon mit seiner Muader ond d Alisa mit ihre Gschwischter ond Eltern ond dr Jonas mit seiner Familie, d Mamma ond i hend gsonga wia d Schtora!

»Lasst uns froh und munter sein!«

Beim »luschdig tralalalala« hend dr Nigglaus ond dr Ruprecht sich an de Ellaboga eighenkt, send em Kreis romgschprunga ond hend noch jedem Satz »Hoi!« gschria:

»Steht der Teller auf dem Tisch – Hoi!

Sing ich nochmals froh und frisch – Hoi!

Luschdig, luschdig, tralalalala – Hoi!

Heut isch Niggelausabend da – Hoi!

Heut isch Niggelausabend da – Hoi!«

Wo mir grad beim schönschta Vers waret, wos hoißt: »Bald ischt unsre Schule aus!«, hots an dr Hausdür gschellat. D Oma hot mit Zithra ufghört ond d Mamma ond d Oma send naus, zom gugga, wers isch.

Dritter Akt: Dr Niggelaus beschert die Kinder.

Kaum waret dia zwoi aus dr Schtub, hot dr Niggelaus aus seim Sack da Flachmann rauszoga, »Gelobt sei, was Durscht löscht!« gsagt ond en kräftiga Schluck gnomma.

Noh hot er des Fläschle em Ruprecht geba, der hot grülpst, »Vergelts Gott!« gsagt ond den Flachmann voll gleert.

Grad en dem Aogablick, wo dr Babba den Sack mit de Gschenkle uf em Boda auskippt hot, dass d Nussa ond d Epfel ond d Schokladniggeläuser bis onder da Disch nagruglet send ond dr Opa henter seiner Blaschdigmask gruafa hot: »Ond auf den Niggelaus ein dreifaches Narri, Narro!«, isch dr echte heilige Sankt Niggelaus en dr Dür gschtanda!

Ond des war wirklich dr echte! Der aus em Relionderricht! Mit Mitra, goldenem Buch, goldenem Bischofsstab, rotem Mantel, enna mit Gold ond ma ganz weißa Bart.

Hender ihm send d Mamma ond Oma en d Schtub reigschlupft ond hend koi Wörtle gsagt.

»Das ist ja nett, dass meine Vertreter auf Erden schon mal angefangen haben«, hot dr heilige St. Niggelaus gsagt und seine zwoi Ersatzspieler würdevoll zugnickt. »Ihr könnt jetzt in die Küche gehen und euch stärken! Wir haben ja noch viel zu tun am Nikolausabend ...«

Des hend sich die zwoi net zwoimol saga lassa ond send en dr Küche verschwunda.

Dr echte Niggelaus aber hot mit ons gsonga, aus em echta Goldena Buach vorglesa ond des Gedichtle aufgsagt: »Von drauß vom Walde komm ich her ...«

Ond noh hot er d Oma gfrogt, ob se net uf dr Zither no was vorspiela könnt, er däd des Inschtrument so gern höra.

Oje, sie könn gar nix meh, außerm Kufsteinerlied ond dene Weihnachtslieder, wo mir grad scho gsonga häbet. Oder vielleicht »Dr Dridde Ma?«, hot se gfrogt.

»Das passt doch wunderbar heute«, hot dr echte Niggelaus gsagt, ond i moin, sei Schtimm hätt a bissle klunga wie dia von meim Relilehrer, em Herr Pfarrer Häfele.

Dr Niggelaus isch zom Leon mit seiner Muader ond dr Alisa mit ihre Gschwischter ond Eltern ond zom Jonas mit seiner Familie ond zur Mamma ond mir naghoggt ond d Oma hot afanga zithra.

Draußa en dr Küche hen dr kopierte Niggelaus ond sei Ruprecht »Ein Prosit der Gemütlichkeit« gsonga ond »Komm, hol das Lasso raus, wir spielen Niggelaus ond Ruprecht«.

Wo »Dr Dridde Ma« rom war, isch dr echte Niggelaus ganga und mir sind no a bissle en dr Schtub hogga blieba ond hend dia Niggelausgschenkle auspackt, wo er für älle doglassa hot. Des muss wirklich dr echte Niggelaus gwesa sei, woher hätt er denn soscht gwisst, dass ao dr Leon mit seiner Muader und d Alisa mit ihre Gschwischter ond Eltern ond dr Jonas mit seiner Familie bei mir waret?

I han noh später, bevor i ens Bett bin, en dr Küche den Alu-Winnetou zwischa zwoi leere Schnapsgläser liega seha ond dr Oma ihr Schrubber isch en dr Eck dringschtanda, neba de Scherba von dr Südtiroler Kaffetass on dem Schraubazieher. Vom Babba ond Opa han i an dem Obed nix meh ghört oder gseha.

So en luschtiga Niggelausobed mit drei Niggeläus uf oimol hots nie wieder geba! Ond mei Oma hot seither nie wieder d Zither auspackt, wenn dr Niggelaus komma isch.

Eigentlich schad, weil des Liad von dem »Dridda Ma« isch seit dem Niggelausobed ois von meine Lieblingsweihnachtslieder.

Neba »Nigglaus ischt ein GUTER Mann …«.

Stillleba mit ohne

PETRA ZWERENZ

Des, hann-e mr vorgnomma, will-e nemme vergessa, wia do eines Mittags dia Schneeflocka rondergfalla send, über dr Insel, i glaub, ama drei rom war's, moh's agfanga hot, ond i ben am Fenster gsessa ond hann könna zuagucka, wia d'Insel langsam weiß wird.

Aus ma graua Himmel send se komma, send vor dem brauna, dunkla Holz vo dr Hauswand do unta vorbeigseglet, send auf da Weg gfalla ond aufam Weg send se liega blieba. Vorerst amol. Ond hinter dem Haus mit dera brauna Wand war weiter drunta dui graua Wasserfläche vom See. Au do send se neigfalla.

Ond 's andre Ufer war gar nemme do. Des hot dr Nebel verschluckt ghet.

Ond da hausa, moh a Boot abonda ischt, send se auf dui blaua Plane gfalla, ond aus Blau isch Weiß worra, langsam, so wia überhaupt älles sich auf zwoi, drei wenige Schattierunga beschränkt hot auf oimol an dem Mittag: Grau ond Grau, Grau ond Weiß, 's hellere Grau vom Himmel vorram dunklera vom Wasser, 's Weiß vodde Flocka, moh ragseglet komma send, ond vo dem Teppich, moh sich draußa über dr Insel ausbroitet, langsam.

Was duat ma an so ma Mittag?

Sitzableiba am Fenster ond oifach bloß zuagucka a paar Stunda lang? An Tee kocha, ab ond zua a Schlückle trinka, a Guatsle dazua, ond zuagucka, wia's weiß wird draußa? Do drbei schö im Warma bleiba ond sich auf des beschränka, was über d'Auga reikommt?

Oder nausganga?

Laufa a paar Schritt?

D'Insel umrunda velleicht, auf dem kloina schmala Wegle, ällaweil am Wasser entlang, do, moh dia kloine Buchta send, ond in era jedra Bucht a Böötle abonda, ond a jedes Böötle mit ra Plane zuadeckt, blau, grau, grün.

Virre laufa zum Dampfersteg, aufam Hauptweg vom Insele, do, mo der mit de Holzschnitzereia isch ond d'Inselgalerie? Obends d'Laterna 's Wegle beleuchtet, als sei ma in ma Gebirgsdorf – ja Leut, jo, em Grond isch ma doch au en ma Gebirgsdorf – ond se müsstet irgendebber hoimleuchta, moh spät aus dr Wirtschaft komm. Damit'r de richtig Haustür findet. Et aus Verseha bei dr Nachbare in dr Schlafstub stoht. Des Ganze auf ma Weg, moh au nirgends anderst nohführt als wieder bloß virre zum Dampfersteg. Weil's dohanna am Ende immer überall zum Dampfersteg goht.

Laufa also. Ha doch, ja, a bissle naus muss ma schao.

Deswega also da Tee austrinka, dapfer d'Schuah aziah, da Schal, d'Handschuah ond d'Jack. Da Schirm mitnemma, für älle Fäll, obwohl's einglich a Sünd ischt, gega da Schnee an Schirm aufspanna. Naus zur Tür, noh nommol zruck, im Kasta nach ma graua Stirnband gruschtla, 's Stirnband in d'Jackatasch stecka. Ond zum zwoita Mol naus. Na d'Trepp, naus zur Haustür, 's Gartawegle na ond zum Gartatürle naus. Noh stohst auf dr Hauptstraß, do, moh's virre goht, zum Dampfersteg.

Unter de Schuahsohla knirschet d'Kiesala.

Auf d'Laterna fallet d'Schneeflocka.

D'Laterna kriaget a weiß Käpple auf drvoo.
D'Hecka sehet zuckrich aus.
D'Gartazäu au a bissle.

Noh virre laufa auf dem Wegle, a bissle oberhalb vom Seeufer, glei drauf aber links abzweiga auf a schmals Graswegle, moh nach fünf, sechs Schritt noh auf's Uferwegle stoßt. Unter de Sohla datscht's da Schnai zemma. Was Zucker war, wird zu ra pappiga Masse, in dui pappiga Masse isch's Muster vo de Schuhsohla eizeichnet, drei Querrippa, an Art runder Kreis, au g'rippt, noh nommol a paar Querrippa. Zum Schluss dr Absatz.

In da See fallet d'Flocka nei, fallet nei ins graue Garnixmeh, werdet verschluckt, löset sich in Nix auf, send weg. De keedest an Taucher naschicka, jetzt amol, der müsst sich halt warm aziah, Neopren, au im Gsicht, an de Händ, aufam Kopf, drüber glei nommol a Lag Neopren, ond am Körper am besta no a dritta. Nergets dürft meh a obedeckta Stell rausgucka, au do et, moh's Mundstück vom Schnorchel ischt, au do et, moh d'Taucherbrill uffhört. Nergets. Aber der Taucher – des isch's einglich, wasse hann saga wölla – tät au nix finda, wenn de'n naschicka tätst zum Gucka, moh dia Flocka einglich nohganget ond ob se et velleicht doch drunta aufam Seeboda an weißa Teppich nohgebet ond mir wisset's bloß edda, weil mr so weit nia nakommet. Koina tät er meh finda vodde Flocka. Koina. Garantiert. Deswega ka ma dem Taucher dui Tortur au erspara. Weil ma woiß, dass des graue Wasser d'Flocka et bloß verschluckt, sondern sich au no glei eiverleibt. Sodass se buchstäblich weg send. Sich in Luft auflöset, keed ma saga, wenn ma et ganz gnau wüsst, dass 's in Wirklichkeit Wasser isch. Sich in Wasser auflöset also.

Ond et bloß d'Flocka, sondern au dr Horizont hot sich uffglöst jetzt. Do, moh'n-er gwäa ischt amol, isch bloß no a verschwommena Linie, zwoi Finger broit velleicht, ma ka anemma, dass des dort ischt, moh Wasser ond Himmel sich amol begegnet gwäa send scho, a dunklers Grau ond a hellers Grau, ond drvor, an ra gelba Boje abonda, moh ällaweil heller wird unter ihrem weißa Häuble, a Kajütboot. Au grau.

Schauklet et, dreht sich et, bewegt sich et, leit bloß do.

Duldet ond loht sich eischneia.

Als wenn's für immer wär.

Velleicht, dass 's wirklich für immer ischt.

Dass d'Berg nadierlich au scho längst nemme do send, i glaub, des muss-e jetzt et extra betona. Weil's dia ja als Erst's verschluckt ghet hot, no vor ällem andra. Weil-e mr au gar nemme sicher bin, ob's dohanna überhaupt jemols Berg geba hot.

Vielleicht isch des ja seit jeher scho Eibildung gwäa an schöne Tag, mit denne Berg am andra Ufer, vielleicht hätta mr des ja bloß gern so ghet. A Vorstellung ons gmacht, so wia mir ons so viel Vorstellunga machet, a Eibildung, so wia mr ons so manches eibildet. A schöna Eibildung isch des, des muss-e zuageba, ond mir tät's scho au gfalla, wenn do hintrem See tatsächlich au no Berg wäre, ond ma dieft bloß naufsteiga, sag mr mol siebahundert Meter oder au tausend, ond scho tät ma Kuahglocka höra. Ond drhinter käm a Tal, schö grün, mo's a bissle nach Kuahmist schmecka tät, ond an Gletscherfluss kämt ra vo oba, ausam ewiga Eis, ond ma keed'n überquera auf ra Holzbrücke, nagucka ins Wasser, a Stückle Holz neischmeißa, hintadreigucka, wia's drvoofährt, 's Schiffle. Sich vorstella, wia's talwärts schwimmt, ällaweil weiter, ällaweil vorwärts, Richtung Süden, ab ond zua bleibt's an ra Wurzel hanga, muss warta, bis an größerer Schwung Wasser kommt, noh reißt sich's los, fährt weiter, wird vom Wasser in an größra Fluss gspült, fährt auf seim neue, ruicha, sichra Fahrwasser durch de oi oder ander Stadt, sag mr mol Bozen, sag mr mol Verona, was woiß i, ond dr Fluss wird broiter, ond 's Hölzle nemmt's mit, bis velleicht zum Mittelmeer. Du aber, moh do hintadrei guckst, bist nadierlich lang et so schnell, für di kommt jetzt zerst amol dr nächste Berg nach dem Tal ond nochem nächsta Berg wieder a Tal, ond do steigst au wieder nunter, bis de noh wieder naufwärts steigst, auf da nächsta Berg ond auf da nächsta ond auf da nächsta da nächsta da nächsta nächsta au no. Velleicht nimmst au mol a Bergbah zwischanei, velleicht übernachtest öfters mol in ra Hütte, trinkst a Buttermilch, an Almdudler, a Radler, a Bier. Schwätzt bis dr d'Auga zuafallet. Singst zura Gitarre.

Noh wieder weiter. Bis eines schönen Tags a Passsträßle kommt, mit lauter winzig kloine Kürvla, ois nachem andra, na ins Tal, rom ond nom, mol in de oi Richtung, mol in de ander, bis ma donna im Tal stoht zmol, ond d'Häuser hent auf oimol ganz abgflachte Dächer, ond d'Balkon send gar nemme bsonders überdacht, wia wenn ma in ra Gegend glandet wär, mo's gar et so naidich wär, dass ma seine Balkon überdacht.

Noi, sehet Se, des wär doch älles viel z'owahrscheinlich.

Ond gucket Se, velleicht isch's des überhaupt, worom mir ons an dr Existenz vo denne Berg so heba müsset, weil mr moinet, drhinter fang d'Welt einglich erst richtig a.

Velleicht, weil des so unser Art ischt.

Velleicht, weil mr emmer moinet, 's müss erst ebbes drvorliega, ond wenn des, was vorher drvorglega ischt, aschließend hender oim lieg, noh fang's einglich erst richtig a. 's Eigentliche.

Ond d'Berg, hoch wia se send, wäret en dem Fall a dankbars Opfer ond bietet sich buachstäblich a zom 's Eigentliche versteckа ond drwega noh überwunda werda. Ond erst, wenn ma drüber weg ischt, was noh au nommol a paar Tag daura ka, ällaweil gloffa ond gsessa, nuffgstiega ond nawärtsgloffa, ond über Brückla ohne Bäch drunter ond über Bäch ohne Brückla drüber ond durch Kuahflada durch ond om d'Edelweiß dromrom, ond obnets en de Hütta ond an Schuahraum em Keller, moh de ohne Wäscheklämmerle uff dr Nas gar et neikasch … Ond Matratza ond beißiche wollene Deckena bei Nacht ond 's schnarcht au oiner, des hoißt: et bloß oiner, weil so nach de zwölfe au no an zwoiter eisteigt, der schnarcht aber schneller ond hot nach jedem siebta, achta Schnarcher da andra überholt, ond später, wenn des Wettrenna Gwohnet worra ischt, kommt a dritter Störer dazua ond schwätzt em Schlof mit seira Hildegard, ond de bischt froh, dass übrem Dachfenster em Osta an heller Stroifa kommt, ond noh a Buttermilch am nächsta Morga ond a Holzofabrot, ond 's Gsälz aus ma großa graua Stoiguathafa – erst also, wenn ma des älles hender sich ond 's Eigentliche erreicht hot, was en dem Moment noh auf oimol velleicht gar nemme so eigentlich ischt, kommt's oim so langsam. Dass des, was ma hinter sich liega lao hot, 's Eigentliche scho gwäa sei keed. Ond eigentlicher kommt's gar nemme. Aber noh isch scho z'spät, was einglich au wieder schad ischt.

Aber zruck auf da Boda: Also, was mi agoht, mir fehlet se jetzt grad edda, dia Berg, moh ma dohanna bei obedecktem Wetter scho gseha hann will, i keed mr d'Welt nämlich gar nemme anderst vorstella als grau in grau, heller vor dunkler, dunkler vor heller ond drvor, ganz im Vordergrund als Kontrastprogramm des Weiß vom Schnai.

Ond dr See hört irgendoimets au mol auf, des muss do hausa sei, mo ma nix meh sieht, ond in des graue Irgendwia guckt jetzt also der Steg naus, do ka ma nauslaufa, ka nagucka, ins Wasser, wird seha, dass 's Wasser do hausa uff älle Fäll amol no da ischt, dass ma aber et gnau woiß, wia weit des no goht, ond dass ma sich grad amol a Boot ausleiha müsst ond amol nausfahra ond gucka, mo's Wasser einglich aufhört ond 's Nix einglich afangt. Ond eher will mr's sei, als ob sich d'Sicht no meh vernebla tät.

Wega dem isch's besser, ma betrachtet jetzt 's Näherliegende.

D'Leut zum Beispiel.

Dia standet aufam Steg, ganz eng beianander, als weddet se sich gegaseitig warm gee, sich gegaseitig vor de Flocka an Schutz geba, standet Schirm an Schirm, Kapuz an Kapuz, Schulter an Schulter, Füaß an Füaß. Manche hent an Hund drbei, drnach's an recht kloiner ischt, isch er grad beschäftigt zum uffpassa, dass er et verdappet wird, denn vo denne viele fremde Fiaß om en rom tät koiner gucka, moh-n-er nohdappet, des ischt, weil dr Mensch an de Fiaß koine Auga hot, dia send ja bekanntlich am andre Ende zum finda, ond dia Köpf, mo dia Auga sich druff befindet, strecket ond recket sich älle in oi Richtung, ond des ischt dui, moh jetzt des Schiff drherkommt.

Des Schiff kommt ausam Grau jetzt, vo do hausa, moh Wasser ond Garnixmeh ois send, 's sieht aus, wia wenn's aus ra andra Welt keemt, ond velleicht kommt in Wirklichkeit au gar koi Schiff ond mr bildet ons au des bloß ei. Aber wenn des so ischt, noh bin i auf älle Fäll et de Oizig, dera moh's troomt, im Gegatoil, de ganz Menschamasse aufam Steg scheint do jetzt mit mir oira Meinung zum sei, denn 's kommt Bewegung auf, d'Fiaß scherret auf de Holzbohla, d'Schirm ganget zua, a paar gruschtlet in de Jackatascha, wia wenn se ebbes sucha tätet, befördret noh au tatsächlich ebbes ans Tageslicht, a klois graus Papierle, was, wia mr scheint, an Fahrschei sei keed.

A Entageschwader fliagt mit Geschnatter auf – grad wia wenn dia au a Schiff komma seha tätet, an Hond jault auf – fascht keed ma saga schreit –, jetzt isch's jedafall passiert, jetzt isch doch oim dr Fuaß okontrolliert ausgrutscht – ond der eigebildete Schiffsabinder auf dem eigebildete Schiff, moh einglich gar et do sei ka, weil ja au do hausa im Garnixmeh gar nix sei ka, schmeißt a eigebildet's Soil om an Pfosta rom ond ziagt an Rollsteg nom.

Ond noh a Getrappel ond Geschnatter, erst älle rauswärts, noh älle neiwärts, Fiaß auf Metall, auf Gummi, auf Holz, in Stiefel ond Halbschuah, ond hochhackig ond flach, ond an Gipsfuaß isch au drzwischa. Ond i denk, dia werdet sich noh wundra, mit so Schuah an so ma Tag bei so Wetter unterwegs. Ond i vergiss ganz, dass-e mr jo eibildet hann, dass mrs des älles ja bloß troomt. Ond bleib standa ond guck, weil-e no nia a Schiff so groß ond fremd ond einsam gseha hann wia des dohanna. Ond am Masta vom Schiff brennt a Latern, dui isch orange, rechts ond links drvoo brennet au zwoi Lichter, a rot's ond a grün's, dia spieglet sich im Wasser, machet an rota ond an grüna Stroifa in des Grau nei, moh dohanna älles oder nix bedeuta ka.

's Schiff rumplet an da Pfosta, 's Soil wird losgmacht, in ordentliche Achterschloifa om zwoi Metallgebilde romglegt, dr Motor wird lauter, ond 's Schiff – wenn's ois ischt – legt seitlich ab, geit no meh Gas, dreht. I bleib standa, guck zua, wunder me, guck hintadrei, bis sich's fuffzg, sechzg Meter vom Steg wegbewegt hot, nommol ganz groß ond fremd ond einsam aussieht, noh im Garnixmeh verschwindet, ond 's isch mr grad, als müsst-e denne Manna ebbes wünscha gschwind, moh bei so ma Wetter so a Schiff mit so ma Haufa fremde Leut druff ins Weglose befördra ond irgendoimets jenseits wieder möglichst obeschadet ans Land bringa müsset. Dohieba jedafall, mo zu andre Zeita – bessre will-e eddamol saga – au schao mol Berg gseha worda sei wellet.

Ond bevor-e's mr no hätt verheeba könna, verwisch-e mei Hand scho drbei, wia se hendadreiwenkt, gschwend.

I seh nemme, ob oiner zruckwenkt, aber 's isch mr so, als sei mein Gruß akomma do draußa ond als hätt irgendoiner verstanda, ond des, was zu mr zruckkommt, fühlt sich a wia a Lächla, a Lächla mit viel Verständnis dren ond mit ma kloina bissle Nachsicht ond Milde, so wia ma's halt hot, denne gegenüber, mo so gar koi Ahnung vo dr Naviagation hent ond trotzdem da Eidruck machet, als wüsstet se's.

Mein Weg aber, ond des isch's einglich, worom-e des Ganze überhaupt gschwend verzähla hann müssa, hot me noh no weitergführt zum Kloster, ond do zum hintra Eigang vom Friedhof, moh koi Tor dra ischt, sondern bloß a Mauer, ond dui Mauer isch auf oira Seit offa ond a paar Stäffela ond a Plattawegle führet nuff, ond noh stohst mittla dren.

De stohst zwischa schmiedeiserne Kreuz ond Gräber mit Immergrün, was hoißt, dass 's au im Winter grün ischt, drumrom a Mauer, a Tor, moh do hieba nausführt ins Weltliche, rechter Hand 's Kirchaportal. In der Kirch, des woiß ma nach a paar Tag, brennet zwoi Christbeem, brennet immer no, obwohl's scho Silvester ischt, ond a paar schöne Strohstern hot's dra. A Krippe hot's mit schöne Schäfla, moh ganz liebe Gsichter hent, ond wenn ma will, ka ma auf an Lichtschalter drucka, noh goht in dr Krippe 's Licht a ond älles, Maria ond Josef samt Jesuskind, Engel, Schäfla, Hirta, Ochs ond Esel, aber au de Heilige Drei König mit ihre Kamel send für a Weile – sag mr mol fünf Minuta oder so – beleuchtet.

Aber do bin i jetzt et neiganga. Sondern bin standablieba mittla aufam Friedhof mit de schwarz-goldene Kreuz ond hann zuaguckt, wia dr Schnee langsam, ganz langsam, Flock für Flock auf dui kloina Insel gfalla ischt. Ond dr Nebel hot se eigfanga ghet ond abgschnitta voddr Welt vollends, sodass ma vo draußa her gar et gwisst hot, ob's dohanna auf dera Seit vom Wasser überhaupt a Insel geit, oder ob des et velleicht bloß a Eibildung ischt, weil ma's gern so hätt. Ond om me rom isch's ganz still gwää, so still wia ganz selta amol, höchstens, dass amol ebber in dui Kirch nei ischt, ond d'Kirchatür hot a bissle gjoomret gschwind beim Aufmacha ond hot glei drnach nix mai gsait. Ond ohne dass-e jetzt saga wedd, auf ma Friedhof fall der Schnai anderst als sonst oimets – des wiest-e nämlich gar et mol – aber mo-n-e do so gstanda be ond d'Welt isch so kloi worda ond so überschaubar, grad als tät's ganze Leba aus ma bissle graua ond ma bissle weißa Farb sich zemmasetza ond des bissle graua ond weißa Farb tät au no vollständig langa, ond älles isch so groß ond klei gwäa auf oimol, so wenig ond so viel, so begrenzt ond so grenzalos, ond hinter dr Friedhofsmauer hot's Dach voddr Wirtschaft rausguckt ond 's hot glanget, dass ma bloß gstanda ischt ond a bissle gucket hot, ond d'Zeiger voddr Uhr, wia wenn se's au wissa tätet, hent sich a ganz Weile gar nemme bewegt, ond koin Vogel ond koi Katz meh, oder wenn, noh verschlupft hinter ma Boom, hinter ma Boscha ond au ganz ruich ond reglos, still ond adächtig – ha glaubsch, noh isch mrs grad gwäa, als sei's am Silvesternachmittag kurz nach de drei ond a paar Stunda bloß, bevor ma mit ma Riesaspektakel 's nuie Johr eischießt, nommol Heilig Obend worda gschwend. Sag selber: Ka ma no meh verlanga vomma Wendertag?

Heiligs Blechle

Manfred Eichhorn

»Heiligs Blechle!«, schimpfte Eberhard Pfäffle in den kalten Winterabend hinaus, nicht ahnend, dass dies seine letzten beiden Wörter in seinem irdischen Dasein sein sollten. Denn kaum dass er diese ausgesprochen hatte, sog ihn der Winteratem auch schon aus dem Wrack seines in die Jahre gekommenen Golf 3 und wirbelte ihn hoch in die Luft und ließ ihn dort wie eine Schneeflocke über der weihnachtlich beleuchteten Stadt tänzeln.

Das freilich war nur noch Eberhards Seele, die dem unbrauchbar gewordenen Körper entstiegen war. Und diese nörgelte sogleich lautlos: »Wie ka ma oim am Heiliga Obend ao a so d'Vorfahrt nemma, dass es glei dermaßa scheppert.«

Dann schimpfte er, so laut es körperlos eben ging: »Du Allmachtsdackel, du elendiger«, schaute herab auf seinen Golf und sinnierte: »Totalschada. Hondert Prozent Totalschada.«

Bald schwebte Eberhard, getragen von namenlosen Winden, über der Stadtautobahn, die inzwischen vom aufgeregten Blaulicht der Rettungskräfte und der Polizeifahrzeuge nur so funkelte.

»A scheene Bescherung!«, grummelte Eberhard und sein ätherischer Körper irrte durch den Nebel des Vergessens wie ein nächtlicher Herumtreiber.

»Des dät eich so bassa«, bruddelte er. »Am Heiliga Obend sterba, on des ao no so bled. Noi! Des ka i net zulassa!«

Vergessen kam also für den Pfäffle Eberhard nicht in Frage. Und vergeben wollte er auch nicht unbedingt. Sich beschweren schon eher. Und das an höchster Stelle. Also schob er diesen ominösen Nebel zur Seite, der bereits an seinem Erinnerungsvermögen nagte, und kletterte sämtliche Wolkenstiegen hoch, ließ sich selbst von ein paar Wachmannschaften nicht aufhalten, die ihn in seinem Tatendrang bremsen wollten. Und so stand der Pfäffle Eberhard plötzlich vor der himmlischen Tür.

Die Pforte, auch wenn sie auf Wolken stand, war von schlichter Bauweise. Erinnerte eher an die Eingangsfront eines Landratsamtes als an das Tor zum Paradies. Eberhard klopfte dennoch. Ein kleines Fenster tat sich auf und ein älterer Mitarbeiter mit schlohweißem Haar steckte den Kopf heraus.

»Ben i do richtig em Himmel?«

Der ältere Herr nickte gütig mit dem Kopf und wünschte: »Fröhliche Weihnachten.«

»Ja, fröhliche Weihnachta«, antwortete Eberhard gereizt. »Genau deshalb ben i do.«

»Wie bitte?«

»Genau deshalb ben i do«, schrie der Verstorbene jetzt und fügte hinzu: »I will zum Chef, ond des umgehend.«

Petrus, oder wer auch immer der ältere Herr war, entriegelte die Pforte und bat den Dahingeschiedenen einzutreten. Dabei summte er leise vor sich hin. »'s Christkind kommt bald.«

Da wurde Eberhard wütend: »Wenn i net drhoim ben, dann kommt ao koi Christkend. Weil 's Christkend, des ben nämlich i. Oder wer, glaubsch, baut am Jonga sei Eisabahn auf on d'Puppastub für de Jüngst? Übernehmed ihr des?«

Der Pförtner zuckte seine himmlischen Achseln. Und der Engel, der an seine Seite getreten war, schaute pikiert.

»Des Doppelherz für d'Oma muss i no kaufa ond für mei liebs Mariele a Halskett oder Ohrreng ond a Parfüm. Ond dann no ois: Wer isst die ganze Bretla?

Ein zweiter Engel, der dazugekommen war, schaute ebenso pikiert wie ratlos, während Eberhard fortfuhr: »Außerdem isch dr Christbaum no net geschmückt. Hängad ihr d'Kugla ond 's Lametta na ond brengat ihr d'elektrische Kerza zum Leuchta? Ha? Übernehmend ihr des? Ond wer isst die ganze Bretla, wenn i nemme do ben? Ond ...«

»Wie ist denn dein Name?«, unterbrach der erste Engel Eberhards Wutanfall.

»Pfäffle, Eberhard«, antwortete der Gefragte plötzlich kleinlaut.

»Dann bist du hier ganz falsch. Wir bearbeiten die Verstorbenen mit den Buchstaben A bis D. Also stell dich am entsprechenden Schalter an.«

»Ja, send ihr no ganz bacha do oba?!«, polterte Eberhard jetzt und bohrte mit seinem ätherischen Zeigefinger seine ebenso ätherische Stirn an. Dann trottete er ein paar Schalter weiter, um sich dort anzustellen.

Als er an die Reihe kam, fragte der entsprechende Engel, ohne einen Gruß voranzuschicken: »Geburts- und Sterbedatum?«

Eberhard war perplex und schwieg.

»Hast du deine Geburtsurkunde und deinen Totenschein dabei?«

»Übers Letzte gäb's no was zum schwätza«, wehrte sich Eberhard. »Oifach so sterba, des got so ned. Ned am Heiliga Obend. Ond außerdem isch für mi sowieso no net an dr Zeit.«

Da zwitscherte ein kleiner Engel, der im Hintergrund an seinen Federflügeln bastelte: »Ach Gott, weiß denn der Herr nicht schon – Zeit ist eine Illusiohon.«

Er trällerte noch ein paar Takte, dann verlor er den Faden und verstummte.

»Überhaupt keine Papiere?«, hakte der für die Buchstaben N bis R diensthabende Engel nach.

Da wurde Eberhard erst richtig wütend: »Jetzt leckad me no alle am Arsch«, schrie er und randalierte dermaßen, dass zwei Schutzengel an seine Seite traten, um ihn in Gewahrsam zu nehmen.

»Fröhliche Weihnachten wünschte einer der Schutzengel, um Eberhard damit zu beruhigen, und der andere Engel fügte hinzu: »Ein friedliches, gesegnetes Fest.«

»Ja, ihr mi ao!«, schrie Eberhard und riss sich los.

»I will jetzt zum Chef – zum lieben Gott persönlich, wenn da so willsch.«

Der Engel hinter dem Schalter grinste. Dazu brauchst du einen Termin. Und so viel kann ich sagen. Das kann Lichtjahre dauern.«

»I kenn onsern Pfarrer ganz gut«, lenkte Eberhard ein, »ond mei Frau sengt em Kirchenchor. Ond 's letschte Johr wara mr boide en Rom bei ra Papstaudienz. Wenn des die Sache beschleuniga dät?«

Der Engel N bis R betrachtete gelangweilt seine himmlischen Fingernägel und gab dem Beschwerdesuchenden wortlos zu verstehen, dass er doch bitte für die nach ihm Anstehenden Platz machen solle.

Da nahm Eberhard seine ätherischen Füße untern Arm, rannte damit den endlos langen Flur entlang und machte auch vor der Tür, die zum Allerhöchsten führte, nicht Halt. Er riss sie auf, und wurde sogleich von einem Licht, das heller als tausend Sonnen war, geblendet.

Im selben Augenblick vernahm er das Hupen wütender Autofahrer, die hinter ihm eine Schlange gebildet hatten. Eberhard erschrak und rieb sich die Augen. »I glaub, i war kurz weg«, sinnierte er. Und dann: »Was war denn des für ein Scheißtraum.«

Dann schaute er vorsichtig in den Rückspiegel, um sich mit erhobener Hand bei den wartenden Autofahrern zu entschuldigen. Da glaubte er, auf dem Rücksitz seines Wagens den Engel zu sehen, der das Lied »Die Zeit ist eine Illusiohon« geträllert hatte. Und jener Engel blinzelte ihm jetzt zu? Als Eberhard sich nach ihm umdrehte, war der Engel aber weg. Nur eine kleine weiße Feder schwebte noch über der Rückbank.

Weihnachtsflucht

ERIKA WALTER

's mueß im September gweasa sei,
dr Sommer war jo kaum v'rbei,
do packt me doch a Heidawuet,
en Weihnachtsmann mit Sack und Ruet
schtot im Regal vom Kaufhaus Penner,
drneaba hundert Weihnachtsmänner.

A'fang November, ahnungslos,
suech i im Lada noch ra Hos,
was dringt do plötzlich an mei Ohr?
Des ka it sei, des isch it wohr,
schtatt Technomusik, zum Verschrecka,
plärrt heit vom Band aus alle Ecka
a Weihnachtsliad, mit Kinderschtimme,
jetzt brich i zamma, i ka nimme,
renn naus zur Tür, i brauch koi Hos,
doch do schtot lebensgroß en Klos,
i schrei um Hilfe, wia von Sinna,
doch wia zum Hohn klingts jetzt von inna:
»Süßer die Kassen nie klingen …«, oder so ähnlich!?

Doch wenn plötzlich d' Neabel schteiget
und nirgends meh a' Mückle geiget,
wenns um fünfe scho kuhadunkel,
gibt's bald im Schdädtle a' Gefunkel,
dr Bauhof henkt Girlanda auf,
mit Weihnachtsschtern und Lichter drauf

und d' Gchäftsleit reibet sich scho d' Händ,
obwohl se gar nix zahla wend
für all den weihnachtlicha Flitter,
des macht so manchen Bürger bitter
und er verweigret sich am End
als einkaufswilliger Konsument.

Mein Enkel, der sich selta meldet,
weil er zwecks Handykauf koi Geld hett,
rueft a': »Ach Opa, du mein Guter,
ich wünsch von euch mir nen Computer!«
Do denk i zrück und sieh no klar,
wo i wie er grad vierzehn war,
isch gleaga unterm Weihnachtsbaum
en Kloiderschtoff – des war mein Traum!

Mein Sohn mit Enkelin, Frau und Hund
rueft gleichfalls a', grad vor zwoi Schtund
und find, weil's doch so wunderbar,
's letscht Johr an Heiligobend war,
dass er au des Johr komma dei,
sonscht wäret mir jo so eloi,
se bliebet au bloß a' bar Dag,
er hoff, dass i, wenn's z' viel sei, sag,
und dass 'r sich jo heit scho frei,
wenns Wild und Schpätzle geaba dei.

Isch Mitglied oiner samt dr Frau,
im Schiclub oder TSV,
im Kirchachor und Liederkranz,
im Albverein, Senioratanz,
im Fotoclub, ADAC,
bei Amnesty und SPD,

no ka er sich fascht nimme retta
vor Weihnachtsfeira,
do und detta,
und sagt sei Frau: »Loss mi in Ruha«,
no moint 'r, er müeßt scho drzue.
Frogt se am andera Dag, wias war,
sait 'r: »wia alleweil, jo klar,
ma hot halt gsunga, geassa, trunka,
mancher isch untr'n Disch nab gsunka,
d' Musik war guet, des mueß ma saga,
hot gfühlvoll gschbielt und ganz getraga,
doch wos emol zwoi war oder drei,
wars zimlich laut, o heidanei,
do hond se gsunga ›humba tätere‹
und ›warum ischs am Rhein so schee‹«,
dr Karle sait, 's sei nix drbei,
weils sowieso bald Fasnet sei!

Mir war des langsam alles z'wider,
meine liabe alte Lieder,
wo mir dohoim als Kind scho gsunga
und dia so zart und hell hond klunga,
weret heit total v'rschantlet,
in Werbespots sogar vrwandlet,
mir roichts, i halt des nimme aus,
i mueß jetzt aus dem Trubel raus!

Doch halt, wia sag i des meim Ma,
wo der doch it verreisa ka.
I mecht bloß auf a' Insel fliaga,
mi dett am Badeschtrand v'rgniaga,
am Obed Kücheschtress vrgeassa,
genüsslich sieba Gänge eassa,

a' schbritzigs Viertele drzua
und hinterher zehn Schtunda Ruha.

I mach meim Ma en schena Punsch
und trag em vor mein Weihnachtswunsch,
doch der lehnt kategorisch ab,
's Weihnachtsgeld sei des Johr knapp
und außerdem dei er beim Fliaga
jo schtändig Angschtschwoißausbrüch griaga.
Was soll er do in d' Sonna flacka,
im Zimmer vielleicht Kakerlaka.
»Mir gfallts dohoim, i gang it mit,
do kasch grad macha, was da witt!«

I bin jo längscht emanzipiert,
drum hon i 's Gschpräch it weitergführt,
schtudier verschied'ne Angebote:
I fliag auf d' Insel Lanzarote,
sag i zu mir und gang auf d' Bank,
bin i au nochher völlig blank,
des isch mir gleich, des schert mi it,
i buech halt oifach last minute.

Ade ihr Lieben, i bin weg,
machet selber euren Dreck,
so denk i und pack meine Sacha.
Nadierlich hon i Bretla bacha.
Dia nimm i mit, ihr kennet laufa
und euch im Kaufhaus Schtoiglötz kaufa.
I glaub, i riach scho Meeresduft
und bald scho bin i in dr Luft.

Am Flugplatz – des isch it zum Lacha –
denk i, i bin scheints it ganz bacha,
do schtot en Steward wia en Depp
ganz oba auf dr Flugzeugtrepp,
hot auf em Kopf a' rote Mitze,
en Mantel, rot, mit gold'ner Litze
und wünscht heut alle seine Gäscht
e' segensreiches Weihnachtsfescht.

Im Flugzeug hört ma mit Verdruss,
was ma im Notfall macha muss,
do denk i liaber gar it dra,
mach mir's bequem, so guet i ka,
i nick grad ei, loss mi it schtöra,
o heidanei, was mueß i höra,
was plärrt scho wieder mir ins Ohr?
I komm mr bald verfolgt scho vor,
von Merry Christmas a' Gewinsel
singt irgend so en Einfaltspinsel,
i bin belaschtbar, i ertrags
und schtopf ins Ohr mir Ohropax.

Sanft und gekonnt isch unsere Landung,
i träum von Sonne und von Brandung.
Mein Kofferträger schtot scho do,
er schwingt sei Schild und lächlet froh,
doch mir isch bald mei Reis vrdloidet,
der isch als Weihnachtsmann vrkloidet
und wundret sich, dass i it lach,
ihm lauft dr Schweiß nab, wia en Bach.

Er fahrt wia d' Sau um alle Ecka,
do griagsch jo glei en reachta Schrecka,
jetzt fahrt 'r au no en Chrischtbaum um,
dia schtond an alle Ecka rum.
Er moint, des sei it schlimm, der Beasa
sei sowieso aus Kunschtschtoff gweasa
und außerdem sei de ganz Insel
jetzt voll von dene Kunschtschtoffpinsel.
De Fremde seiet do ganz happy,
i denk: Was soll i do, i Däpp i?
Bald bin i an dr Rezeption,
do klingts scho laut durchs Megaphon:
»O Tannenbaum, o Tannenbaum …«
Aus wars mit meim Urlaubstraum
und mitta in dr großa Halle
schtot de kitschigscht Weihnachtsfalle:
e riesagroße Kunschtschtofftanne
mit Kunschtlicht in ra grina Wanne
voll Kunschtschnee, gschmickt mit Engelhoor
und Kitschfigürla, leider wohr.
Im Gipfel hockt en Weihnachsma,
wo schwätza und sich dreha ka.

Des isch mr z'viel, des schaff i nimmer,
i schmeiß auf's Bett mi in meim Zimmer,
i schliaß me ei, do wird mir klar,
i bin scho wieder in Gefahr,
denn leise aus de Boxa klingt
e Kinderchörle und des singt:
»Leise rieselt der Schnee,
schtill und starr ruht der See …«

I halts it aus, des ka it sei,
i schlupf in' Badeazug nei,
pack mei Handduech, renn durch's Haus
und denk bloß ois: Jetzt nix wia raus!
Wia i so d Treppa nabwärts schiaß,
do bleib i hanga an dem Gmias,
am Baum gond alle Lichter aus,
au d Sicherunga fliaget raus,
mein Schuha verhädderet in Girlanda,
glechzeitig kane nimme schtanda,
i fliag de letschte Schtufa nab
und reiß den ganza Gruscht mit rab.

A Hostess rennt schnell drher
und schpricht: »Ach, ich bedaure sehr,
dass dieses Missgeschick passiert,
es wird gleich alles repariert,
denn wir wollen nur das Beste
für uns're lieben Weihnachtsgäste,
sie solln sich fühlen wie zu Haus!«
Do war bei mir dr Ofa aus,
anschtatt dass i jetzt's Weite suech,
pack i voll Zorn mei Badeduech
und schlag so lang ei auf den Baum,
bis runterfliagt der Schnee aus Schaum
und all dia kitschige Engela
und Weihnachsmännerbengela,
auf em Baum dia Schbitze oba
hot au nimme länger g'hoba,
und der dicke Glos macht klack,
fliagt rab, wia en Kartoffelsack.

Plötzlich fühl i mi so leicht
und mein ganza Ärger weicht,
so, als war heit gar nix gweasa,
d' Butzfrau rennt scho mit 'ma Beasa,
gang i nab zum Badeschtrand
mit Kitschfigürla in dr Hand,
schmeiß se naus ins weite Meer,
's nächscht Johr komm i nimme her.
Wenn doch, noch höchschtens no an Pfingschta,
i glaub, do wär wohl d' Gfahr am gringschta
und ma hett als Gascht sei Ruha,
mit Geischt hot Kommerz wohl nix zum due.

Der Engel Eduard

Helmut Engisch

»Und vergesst mir bloß die Zettel mit der Botschaft nicht und eure Sternentaschenlampen, meine Lieben!«, hatte der Chef ihnen beim Abschied im himmlischen Navigationszentrum noch einmal eingeschärft. Dabei hatte er ausgerechnet ihm dermaßen herzhaft auf die Schulter geklopft, dass sein linkes Flügelscharnier ganz erbärmlich knirschte und knarzte, als er in einem weiten Bogen auf die weiße Ebene einschwebte, die im Licht der untergehenden Sonne sehr eigentümlich funkelte und glitzerte.

»Genau so hab ich's mir vorgestellt«, brummte der Engel Eduard missmutig, »weit und breit keine Menschenseele.« Doch dann brauchte er all seine neun himmlischen Sinne für die Landung.

Wie auf einer Eisbahn sauste er fast zweihundert Meter auf dem hartgefrorenen Schnee dahin, nachdem er auf der Erde aufgekommen war. Und dann, als sich seine Schussfahrt allmählich verlangsamte, verlor er das Gleichgewicht und fiel um. »Sehr eigentümlich, dieser Sand«, murmelte Eduard, als er sich aufgerappelt hatte und diesen feinen, eiskalten Stoff aus den Flügeln schüttelte. Und als er sich das feuchte Engelshaar aus der Stirn strich, war er nun wirklich nicht mehr ganz sicher, ob er die richtige Ausflugschneise erwischt hatte auf dem südlichen Milchstraßenkreisel.

Mit bedachtsamen Schritten ging der Engel Eduard zu seiner Umhängetasche, die ihm bei der nicht gerade mustergültigen Landung von der Schulter gerutscht war. Er griff hinein, zog die Tüte mit Manna heraus und steckte sich ein paar Brocken davon in den Mund. Und während er gemächlich kaute, studierte er die Karte aus der Leihbibliothek des Erzengels Raphael. Genau da, wo er jetzt stand, müsste eigentlich der Marktplatz von Bethlehem sein und das Gasthaus »Zur Goldenen Dattelpalme«, das ihm sein Wolkennachbar Sebastian so wortreich empfohlen hatte. Doch es war weit und breit nichts von Menschenhand Gebautes zu sehen. Weder ein Marktplatz, noch ein Haus, geschweige denn ein Gasthaus. Und während der Engel Eduard nach dieser Erkenntnis seine ganze Engelsgeduld aufbot, um nicht zu schimpfen oder gar zu fluchen, sah er am Horizont einen schwarzen Punkt, der mit jeder Sekunde größer wurde.

»Nun sage mir, meine liebe Hundeseele«, sprach er den etwas außer Atem geratenen Schäferhund an, der treuherzig zu ihm aufschaute, »weißt du vielleicht, ob es hier in der Nähe ein Dorf gibt, das Bethlehem heißt?«

Der Hund runzelte die Stirn und blickte ihn sehr erstaunt aus seinen braunen Augen an. »Do hoba bei ons geit's weit ond broit koin Flecka, wo Bethlehem hoißt«, bellte er mit einer etwas heiseren Stimme, »des isch so g'wießt, wie dr Schnai kalt isch!«

Nun schaute auch der Engel Eduard sehr ratlos drein. »Verzeihung, mein guter Hund, ich versteh dich nicht! Was ist denn das für eine eigentümliche Sprache, die du da sprichst?«

Ein feines, kaum hörbares Knurren lag in der Stimme des Hundes, als er auf diese sehr eigentümliche Frage antwortete. »Ja, schlag me 's Blechle, so wie i schwätz, so schwätzet doch älle weit ond breit! A jede Kuah, a jeder Gaul, a jeds Schoof, älle Henna, Katze, älle Hond ond ao älle Menscha schwätzet so wie i! Ihr send scheint's it vo hia, dass Ihr mi net verstandet?«

Nachdenklich wiegte der Engel Eduard seinen Kopf. Dann strich er dem Tier, dessen Nackenhaare sich ein klein wenig sträubten, sanft über den Kopf. »Nun sei so gut, mein Freund«, sagte er mit einer etwas belegten Stimme, »und führe mich zum nächsten Haus, denn ich habe einen wichtigen Auftrag.«

»Ond was wär dir des no wert, wenn i dir dazua verhelfa dät, dass du des Uffträgle erledige ka'sch?«, fragte das Tier, das es sich inzwischen einigermaßen bequem gemacht hatte im Schnee. Zögernd griff der Engel Eduard nach seiner Tüte mit Manna und warf dem Hund ein paar Brocken vor die Pfoten, um ihm Appetit zu machen auf ein wenig Hilfsbereitschaft.

»Netmol so iebel, des Zeigs«, meinte der Hund, während er die freundliche Gabe mit einem wahren Heißhunger verschlang. »Also, no packet mr's halt, brummte er schließlich und trabte in gemessenem Tempo vor dem Engel Eduard her, der mit sanften Flügelbewegungen knapp einen halben Meter über dem eiskalten Schnee hinter seinem Begleiter herschwebte.

So ungefähr eine Viertelstunde hatten die beiden ihren Weg über knirschende Schneefelder gemacht, als der Hund plötzlich heftig mit dem Schwanz zu wedeln begann. Und schon hörte auch der Engel Eduard ein gutes Stück voraus das Blöken von Schafen und entdeckte in der Dunkelheit einen schwachen Lichtschein.

»Selt send se, meine Herra! I hoff bloß, se lieget net scho wieder b'soffa en ihrem Karre drenn, die Lompa, die elende«, seufzte der Hund. Ein wenig nervös schaute der Engel Eduard auf seine Armbanduhr. Die grünen Leuchtziffern zeigten nur allzu deutlich, dass ihm nicht mehr sehr viel Zeit blieb bis zur Bekanntgabe seiner Botschaft.

»Mir hend nix ond mir gebet ao nix!«, fuhr ihn ungehobelt ein Mensch an, nachdem der Hund mit der Schnauze die Tür zum Schäferkarren aufgestoßen hatte, der am Rand einer mit rohen Stangen eingezäunten Weidefläche stand. »Aber wenn'r a Plätzle suachet fir d'Nacht, no kommet halt en Gottes Name rei«, sagte der Grobian nun in einem etwas freundlicheren Ton. Und sein Gefährte, der im Karren drin auf einem abgewetzten Fell lag, streckte ihm zur Begrüßung einen Krug entgegen.

Der Engel Eduard, der diese einladende Geste schlecht zurückweisen konnte, griff beherzt zu, setzte den Krug an den Mund und nahm einen kräftigen Schluck. Doch kaum waren ein paar Tropfen der klaren Flüssigkeit über seine Zunge gegluckst, da blieb ihm auch schon die Luft weg und in seiner Brust spürte er einen furchtbaren Feuerbrand.

»Ja gell, des Wässerle hot's en sich.« Der Spender dieses wahrhaft abscheulichen Gesöffs lachte, als er dem Engel Eduard zur Linderung seines Hustenanfalls mit aller Kraft auf den Rücken klopfte. »Selt en's Eck, do könnet'r neiflacke, wenn'r müad send!«, bot ihm der ältere der beiden Hirten an und zupfte den Engel Eduard plötzlich heftig an den Flügeln. »Do hend'r aber amol zwei wonderliche Fledrawisch auf'm Buckel«, wurde sein Gastgeber nun recht zutraulich. Doch bevor der neugierige Mensch größeres Unheil anrichten konnte im empfindlichen Gewirk seiner Schwingen, flüchtete der Engel Eduard aus dem Karren hinaus aufs freie Feld. Und als er seinen Blick hoffnungsvoll hinauf zum Himmel richtete, da sah er am fernen südlichen Himmel drei Kometen zur Erde niederschweben.

Kein Zweifel, das war das verabredete Zeichen. Also kramte der Engel Eduard seinen Zettel aus der Umhängetasche, knipste seine Sternentaschenlampe an, stellte sich auf einen Baumstumpf am Rand des Schafpferchs und begann mit lauter Stimme seine Botschaft zu verlesen: »Fürchtet euch nicht!«, sprach er mit fester Stimme in die dunkle Nacht hinaus, und als einziges Echo auf seine Worte hörte er das aufgeschreckte Blöken einiger Schafe. Beherzt aber fuhr der Engel Eduard mit seiner Botschaft fort. »Siehe, ich verkündige euch große Freude, die allem Volk widerfahren wird; denn euch ist heute der Heiland geboren, welcher ist Christus, der Herr, in der Stadt Davids.« Einige der Schafe lösten sich nun aus dem Haufen der anderen und trotteten zögernd näher. »Und das habt zum Zeichen«, rief der Engel Eduard nun in heller Freude, »ihr werdet finden das Kind in Windeln gewickelt und in einer Krippe liegen.«

»A Ruah jetzt, mir wellet schlofa!«, hörte der Engel Eduard vom Schäferkarren her die rauhe Stimme des älteren Hirten. »Bei ons isch morga am siebene wieder Dagwacht«, lärmte nun auch dessen Kumpan und knallte wütend die Tür des Schäferkarrens zu.

Da knipste der Engel Eduard betrübt seine Sternentaschenlampe aus, klappte seine Flügel auseinander, erhob sich von seinem Baumstumpf und stieg so schnell er nur konnte wieder himmelan.

Und so weiß bis zum heutigen Tag keine Menschenseele, dass ein Engel des Herrn, wenn auch nur aus Versehen, auch den Hirten droben auf der Schwäbischen Alb die frohe Botschaft von der Geburt des Herrn verkündet hat.

Heinerle und der Brunnenbub

ALF LIST & HEINER TIETZE

Es war einmal ein kleiner Bub, Heinerle genannt, der lag zu Hause in seinem Bett und dachte über den vergangenen Tag nach, einen Tag, welcher ihm so viel Spaß gebracht hatte, dass er sehr, sehr lange liegen musste, um alle Erlebnisse des Tages noch einmal an sich vorüberziehen zu lassen.

Er war mit seiner großen Schwester beim Schlittenfahren gewesen. Schön war es, richtig toll. Und die Schlittenbahn ist so gut gelaufen wie nie zuvor. Wie ein Rennfahrer konnte man sich fühlen. Allein der Gedanke daran machte Heinerle schon wieder ganz aufgeregt.

Und seine Schwester hat ihn immer auf dem Schlitten mitgenommen, mal vorne und mal hintendrauf. Und sie hat ihn den ganzen Nachmittag nicht ein einziges Mal behandelt wie ein Baby und ihn bevormundet, was sie sonst gerne tat und was Heinerle immer ganz wütend werden ließ, denn schließlich war er ja vor zwei Wochen schon fünf Jahre alt geworden. Aber heute war er ganz stolz auf seine Schwester.

Heinerle war richtig selig, und das nicht nur, weil Weihnachten vor der Tür stand.

Und lange geblieben sind sie am Schlittenhang. So lange, bis sie beide total durchgefroren waren. Heinerle war richtig blau vor lauter Kälte, und dabei hatte ihn die Mutter doch wirklich so fest eingepackt. Ein warmer Anorak, den von der Oma gestrickten Schal, die flauschigen Fellhandschuhe und die dicke, bunte Wollpudelmütze, welche Heinerle besonders mochte, und die ihm seine Mutter zu seinem Geburtstag gestrickt hatte. »Ohne das alles wäre ich bestimmt erfroren«, dachte er in seinem mollig warmen Bett so vor sich hin.

Plötzlich jedoch fiel ihm der Brunnenbub ein. Das war eine aus Stein geschlagene Figur eines Kindes, die mitten im Brunnen am Marktplatz stand. Und dieser Brunnenbub stand dort jahraus, jahrein, bei Sonnenschein und Regen, im Sommer wie im Winter, und das schon seit Ewigkeiten, zumindest schon so lange, wie Heinerle sich zurückerinnern konnte.

Heinerle wohnte in der Nähe des Marktplatzes und es gab bestimmt noch keinen Tag in seinem Leben, an dem er nicht mehrmals den Brunnenbub gesehen hatte. Wenn er sich in der Küche einen Küchenstuhl ans Fenster schob, konnte er den Brunnenbub sogar vom Fenster aus sehen.

Im Sommer spielte Heinerle oft mit seinen Freunden auf dem Marktplatz beim Brunnen, denn dort konnte ihn die Mutter im Auge behalten und Autos durften auf dem Marktplatz auch keine fahren. »Eigentlich«, dachte er, »eigentlich gehört der Brunnenbub auch zu meinen Freunden.«

Und wie er so dalag und an den Brunnenbub dachte, fiel ihm zum ersten Mal auf, dass der Brunnenbub ja das ganze Jahr lang splitternackt auf seinem Brunnen stehen muss. »Dem ist es bestimmt auch kalt«, dachte Heinerle.

»Der kann sich ja nicht einmal den Schnee, der ihm auf den Kopf fällt, abstreifen. Und Schlitten fahren kann er auch nicht. Und er hat auch niemand, der ihm eine Wollmütze und einen Schal strickt. Und übermorgen ist doch schon Weihnachten.« Dies alles ging Heinerle im Kopf herum, während er so in seinem warmen Bett lag. Und dabei reifte in ihm der Entschluss, dem Brunnenbub am kommenden Tag unbedingt helfen zu müssen, wenn sonst schon kein Mensch daran denkt und sich um den Bedauernswerten kümmert. Mit diesem Gedanken schlief er ein.

Am anderen Tag ging Heinerle auf den Speicher, wo die Mutter die alten ausgedienten Kleider der ganzen Familie aufbewahrte, denn Heinerles Mutter hatte die Angewohnheit, zunächst einmal alles auf den Speicher zu packen und nicht gleich wegzuwerfen. Der Vater und die Kinder hatten sie deswegen schon oft ausgelacht, denn letztendlich gab Mutter die Sachen dann doch immer bei der Altkleidersammlung mit.

Aber die Trennung fiel ihr einfach schwer. Und in diesem Moment war Heinerle sehr froh darüber und beschloss, seine Mutter nie mehr deswegen auszulachen. Heinerle holte die rote Pudelmütze von sich, die ihm letztes Jahr etwas zu klein geworden war. Einen grauen Schal, welcher der Mutter wohl etwas zu altmodisch war. Und einen alten braunen Mantel vom Vater, den dieser schon seit Jahren nicht mehr anzog und der schon etwas abgewetzt war.

Beim Hinuntergehen schnappte er noch rasch einen kleinen Besen und eine Plastiktüte, in die er alles steckte und marschierte los.

Der Brunnenbub stand eingeschneit auf seinem Brunnen mitten auf dem Marktplatz. Natürlich war in dem Brunnen zu dieser Jahreszeit kein Wasser, jetzt, mitten im Winter. Heinerle kletterte durch das verschneite Wasserbecken und kehrte den über und über mit Schnee bedeckten Brunnenbub von oben bis unten gründlich ab. Dazu musste er dem Brunnenbub sogar auf die Füße klettern, denn sonst hätten seine kurzen Arme nicht bis zum Kopf gereicht. Danach setzte Heinerle ihm die Mütze auf, wickelte ihm den Schal um den Hals und hängte dem Brunnenbub zum Abschluss den Mantel über die nassen und kalten Schultern. Zu Heinerles Erstaunen passte alles wie angegossen. Stolz nahm er seinen kleinen Besen, schaute sich den Bub noch einmal von allen Seiten an und sagte zu ihm: »So, jetzt hast du es auch warm, nun brauchst du nicht mehr zu frieren.«

Erst in diesem Moment nahmen ein paar Erwachsene von dem frischgekleideten Brunnenbub Notiz. Manche blieben erstaunt stehen, manche schüttelten den Kopf, andere lachten, und ein älteres Ehepaar schimpfte sogar laut vor sich hin. Das alles kümmerte Heinerle jedoch überhaupt nicht. Er hatte dem Bub etwas geschenkt, etwas zum Anziehen, damit er nicht frieren musste.

In der Nacht vor Heiligabend schlief Heinerle gleich ein, und ganz stolz war er auf sich. Als Heinerle am nächsten Morgen zum Frühstückstisch kam, saßen sein Eltern schon da. Sie waren etwas fröhlicher als gewöhnlich und das hatte nicht nur mit Weihnachten zu tun. Auf seinem Platz lag die aufgeschlagene Tageszeitung. Ganz groß sah Heinerle ein Bild vom Brunnenbub mit der Überschrift: »Dem Brunnenbub ist nicht mehr kalt!«

Seinen Eltern brauchte Heinerle nichts zu erklären, sie hatten die Kleider auf dem Bild erkannt und lachten darüber, wie sicherlich die halbe Stadt an diesem Morgen.

Und, ob ihr's glaubt oder nicht, der Brunnenbub blieb angezogen, bis in das Frühjahr hinein. Und jedes Jahr, wenn zur Winterzeit das Wasser im Brunnen abgedreht wird, wird der Brunnenbub mit Mütze, Schal und Mantel angezogen. Das wurde von der Stadt so angeordnet, und blieb so, bis zum heutigen Tag.

Dame, Bube und Springerle

BERND KOHLHEPP

Der Blick in die Nachbarländer zeigt: Das Chrischtkind isch nicht überall drhoim! In Frankreich bringt Papa Noël die Geschenke. Bei den Holländern isch es ein gewisser Sinterklaas. Unterstützt wurde der bisher von seinem dunkelhäutigen Gehilfen, dem Swaarten Piet (schwarzer Peter), der nun aber aufgrund der Vermeidung von rassistischen Vorurteilen seinen Arbeitsplatz zu verlieren droht.

Bei den Spaniern sends die Heiligen Drei Könige, wo für Geschenke sorget.

In den USA hinwiederum isch Santa Claus, ein weißbärtiger Angestellter einer Brausebrühefirma, für die Bescherung zuständig.

Bloß bei uns bringt immer noch das Chrischtkind die Geschenke, wird jedoch mehr und mehr von Amazon und Zalando verdrängt.

Selbscht beim Termin gibt es Unterschiede. Holländer bescheret am 6. Dezember und der Spanier schenkt erscht am 6. Januar. Deshalb könnte man im Sinne der europäischen Fest-Harmonie das Weihnachtsfescht auf irgendwann im späten Januar oder im August, wo sonscht nicht viel los isch, verlegen. Au damit mer meh Zeit für diese anstrengende Adventszeit hat, denn die isch geprägt von Arbeit und Entsagung.

Bei uns war es immer entscheidend, scho im November ausreichend viele Brödle zu backen. Der schpringende Punkt dabei: Mer durfte sie net essen! (Brödle sind, das wäre hier zu vermerken, diejenigen

Gutsle, die von Auswärtigen oft fahrlässig als Plätzchen oder Kekse bezeichnet werdet.)

Bei uns gab es ureigene Brödle. Neben Bärentatzen und Schpitzbuben und Heidesand alle erdenklichen weiteren Zucker-Mehl-Butter-Kombinationen, die dann von der Mutter mehr oder minder gut irgendwo verschteckt worden sind. In der Regel im Keller hinter den Zeltsachen.

Da isch mer natürlich locker hinkomme, wenn mer die Bierkischten gschickt gschtapelt hat. Dabei war der Keller aufgrund der Schpinnen des ganze Jahr äußerscht unbeliebt. Im Advent ging's, weil die Aussicht auf Beute den Blick auf die Schpinnen getrübt hat.

Nach dem Raub ging es eigentlich nur noch darum, den Verdacht irgendwie auf den Vatter zu schieben, was nicht schwer war, weil die Mutter ihm sowieso nichts glaubt hat.

Springerle sind bei diesen Beutezügen allerdings nie verschwunden und das hat seinen Grund: Springerle sind ein Art Anisgebildbrot und stammen aus einer Zeit, wo es noch keinen Fernseher gab. Aber die Bildle auf den Springerle waren schon damals Full HD. Mir hen vor allem Models mit Eisenbahnbildern ghet. Die waren oifach besser wie die anderen mit Tänzerinnen mit Reifröcken und Männern mit Spitzhüt.

So aufwendig die Herstellung mit Birnenholz-Model, schpeziellem Teig und einer geradezu aberwitzig schwer abzuschätzenden Backzeit war, umso schwieriger war die anschließende Aufbewahrung. Denn die werdet bockelhart. Erscht nach sechs Wochen sind die bei uns im Keller allmählich weich worden, aber au nur, weil der so feucht war. Meiner Ansicht nach haben die Springerle ihren Namen nicht vom schnellen Aufgehen im Backofen, sondern von den abspringenden Dentalpartikeln bei vorzeitigem Verzehr.

Wie arg hat mer sich doch immer auf Weihnacht gefreut und wie enttäuschend und langweilig war's doch letschtendlich! In der Regel hend die Eltern kurz vor Weihnachten no an Riesenstreit griegt. Gründe für Ärger gab's genug.

Klassiker war die Klärung der Frage, ob erscht Bescherung und dann Essen – oder eher umgekehrt. Oder au, ob die Oma wieder kommen derf. Wenn des nicht verfangen hat, dann die Frage, wer denn wieder den Christbaumständer verräumt hat.

Der lag jedes Jahr woandersch im Keller, was damit zusammenhing, dass man im Sommer nicht an die Zeltsachen kommen isch, wenn man nicht die Weihnachtssachen beiseitegeräumt hat.

Bei den Schulkameraden war es nicht andersch. Bloß der Bertram war eine Ausnahme. Dessen Mutter war zum einen alleinerziehend und zudem bekennende Atheistin, und da hat der Bertram mitmachen müssen. Da gab es keine Auseinandersetzung und au keine Bescherung, sondern lediglich bissle Kabbelei und ein paar Geschenke. Ich hab nie ganz verstanden, dass die als Atheisten trotzdem mit Christbaum gefeiert hend, aber ich hab ihn nie fragen welle, weil der Bertram au im Boxtraining war.

Wenigschtens das Krippenspiel, das alle Kinder aus der Kinderkirche aufgeführt haben, sorgte für ein paar Glanzpunkte. Das war jedoch mit Lernen von Text verbunden, aber die Kirchmusikstudentin, die die Proben im Gemeindesaal führte, hat immer Pfeffernüsse aus der Tüte mitbracht, die sie aber in der Aufregung meischt selber gessen hat. Die Kirchmusikstudentin hat sich ausgezeichnet mit unserem jungen Pfarrer verstanden und hat das von ihm geschriebene Stück au entsprechend inszeniert. Bei der Generalprobe hat sie in der Regel einen Nervenzusammenbruch ghabt – und nach der Aufführung bei der Danksagung immer Tränen in den Augen. Dann hat sie aber irgendwann den Pfarrer geheiratet und dann keine lobende Erwähnung und keine Blumen mehr griegt.

In der Regel wusste man beim Krippenspiel noch einiges aus dem Vorjahr, sogar dann, wenn man jedes Jahr eine andere Rolle zugedacht bekommen hat. Die Karriereleiter ging vom ungefiederten Rumsteh-Engel hin zum Verkündigungsengel mit Flügeln, der, wo auch den Stern hat heben dürfen.

Ich hab den Erzengel ein einziges Mal au gespielt.

Weil ich aber nicht »Fürchtet euch nicht« deklamiert hab, sondern einer plötzlichen inneren Eingebung folgend »Achtung, Polizeikontrolle!«, gab es höchst erstaunliche Publikumsreaktionen.

Allerdings hat mich des festtechnisch meinen schon als sicher angesehenen Farbkasten koschtet, weil mein Vatter mir nicht abgenommen hat, dass der Heilige Geischt durch mich gesprochen häbe. Wahrscheinlich, weil ihm die Mutter au nie was glaubt hat.

Unter allen verfügbaren Rollen am wenigsten beliebt war die vom Josef. Dem hat es oifach an den ansprechenden Actionelementen gemangelt. Meinen Freund Hannes hat es mehrfach verwischt. Dreimal hat er den Josef spielen müssen. Im vierten Jahr hat er sich geweigert, den nomol zu machen und hat sich sogar durchsetzen können. Leider musste er dann die Maria übernehmen, weil die Heidi eine Angina griegt hat. Und der Josef war dann ich.

Für meine Darstellung des Josef hab ich dann von einer alten Dame aus der Gemeinde nach der Aufführung ein Fünfmarkstück in die Hand drückt bekommen. Sie häb es von Herzen gerührt, hat sie gsagt, dass ich die Maria die ganze Zeit so liebevoll angelacht hätte. Sie hat noch mehr verzehlt, aber ich hab nicht so auf sie achten können, weil ich gucken musste, wann der Hannes aus dem Umkleideraum kommt. Der hat schon beim Schlusslied gedroht, dass er mich verbompfen will, weil ich ihn während der ganzen Aufführung hinterhältig grinsend »gnädiges Fräulein« genannt hätte.

Die fünf Mark hab ich schnell in die Dasch stecken wollen und hab mir auch schon überlegt, wie ich mein gesamtes Geschenkaufkommen mit ein paar Böller abrunden kann, da hat mir die Dame gesagt, dass es natürlich nicht für mich sei, sondern dass ich es für sie in den Opferstock »Für die Renovierung der Kirche« werfen dürfe.

Statt dene fünf Mark hab ich versehentlich eine Unterlegscheibe in des Kirchenkässle gschmissen. Aber wer sagt denn, dass mer nicht gerade Unterlegscheiben bei einer Kirchenrenovierung brauchen kann?

Die Böller hab ich dann mit dem Hannes brüderlich geteilt, weil ich ihn hab gnädig schtimmen müssen, damit er mich nicht verbompft. Er hat sich ja zu Weihnachten gewünscht, dass er mit dem Bertram in den Boxclub darf – und da wollt ich mittelfristig kein Risiko eingehen. Die Böller haben wir am Silvestermorgen dann bei uns im Keller angezündet, weil mir gedacht hend, dass uns dort niemand hört. Des war ein Irrtum – hatte aber den Vorteil, dass wir die anschließenden Erziehungsmaßnahmen von meinem Vater zwar körperlich wahrgenommen haben, sie aber akustisch nicht bis zu uns gedrungen sind.

Das Auspacken der Geschenke am Heiligabend ging schnell. In der Regel hat des sowieso die Oma gemacht, weil die es ja au verpackt hat. Sie hat zwar gsagt, dass des des Chrischtkind war, aber mir haben des Papier noch vom Vorjahr kennt. Da hat sie es au nach der Feier mitgenommen.

Oft hat es Kleider geben oder was für die Schule. Manchmal hab ich au meinen alten Teddy wieder griegt, den ich irgendwann des Jahr über verschlampt ghabt hab.

Eigentlicher Höhepunkt der Weihnachtsfeier war bei uns jedes Mal, wenn der Vatter die Märklin-Eisenbahn aufbauen hat wollen. Aber weil in der Regel der Trafo, Kabel und die Anschlüsse das Jahr über gelitten haben, da sie auch im Regal bei den Zeltsachen oberhalb der Bandsäge untergebracht waren und unser feuchter Keller gschickt für Springerle, aber schlecht für Eisenbahnzubehör war, gab es immer was zu reparieren. Des hat der Vatter aber allein gmacht. Mir hend nichts anlangen dürfen, weil wir sowieso bloß alles hee gmacht hättet!

Der Vater hat sich dann irgendwann fluchend mit der Eisenbahn und dem Trafo in den Keller zu seim Werkzeugschrank zurückgezogen und hat versucht, vom Alkohol wegzukommen, indem er ihn konsequent entsorgt hat. Und die Mutter hat sich in der Küche verbarrikadiert und hat ihren ganzen Fruscht beim Herdputzen rausgelassen.

Nur die Oma war beim Singen der Lieder noch da.

Die hat die Lieder alle au noch auswendig können. Und zwar alle Strophen. Und die hat sie auch durchgesungen. Schlemm! Glücklicherweise konnte sie aufgrund der fehlenden hörgeräteakustischen Ausstattung nemme überprüfen, ob wir anderen den gleichen Text singen wie sie.

Hend mir natürlich nicht! Statt »Und droben schwebt jubelnd der Engelein Chor« hen mir »Dort oben schwebt Josef den Engeln was vor« gesungen. Und auch »Es ist ein Ros' entsprungen« isch nicht verschont bliebe. Mir hend gsungen »Dass da ein Ross gesprungen« sei und das war au nicht »Von Jesses Art«, sondern bei dem wurde »am Sattel gespart«.

Die Oma war gerührt, dass mir so schee gsungen henn.

Und die Mutter, die von draußen des ghört hat, wollt nix sagen, damit sie der Oma nicht die ganze Freude verdirbt. Ond irgendwann isch der Vatter wieder kommen und hat aber die Lok nicht mehr richtig auf die Schienen gebracht und dann isch mer langsam ins Bett, weil der Vatter so laut unterm Chrischtbaum geschnarcht hat.

Heut hab ich natürlich eine eigene Modelleisenbahn. Die geht au.

Ich bau sie aber nemme auf. Und au backen du ich net.

Weil, der besondere Charme und der Zauber der Weihnachtsfeschte von früher isch sowieso nicht wiederholbar.

's Brenztaler Chrischtkendle

WOLFGANG WULZ

Mr kanns net glaube, aber des Chrischtkendle hot net bloß Heil ond Erlösung auf d' Erde brocht, sondern manchmol ao Ärger ond Verdruss. Ond des gar am Hoilige Obend, dem schwäbische Chrischtdag, mittle em Brenztal auf dr saukalte Oschtalb. I han des selber verlebt als klois Büable. Bei mir drhoim hot's nämlich an Brauch gebe, i woiß bis heut net, ob des ao andre so kennet oder ob des oifach a Familientradizio gwese isch. Do hot dr Jüngschte (wia 'r laufe ond schwätze hot könne) bei dr Bescherong 's Chrischtkendle spiele derfe.

Dia Verkloidong hot so ausgsehe: Dr Bua hot zerscht a ganz broits goldigs Schloifle rond om 's Köpfle bonde kriagt ond die Goldfasre dren hent auf dr Haut oheimlich bisse. Drnoch hot er a weißes Nachthemedle von seiner ältere Schweschter aziage müsse, ond weil des Mädlesschlofzeug z' broit ond z' lang gwese isch, hot mr's mit Sicherheitsnodle enger gmacht. Am End isch no a jesesmäßig broiter goldner Gschenkbendel om de Bauch bonde worde. Des Gwand hot d' Mamme no so lang grafft, bis es nemme auf em Bode g'schloift isch. Aber des hot nia net lang g'halte ond dr Bua isch älleweil gstolpert ond wia oiner von de oghobelte Hirte em Krippespiel romtrampelt, net wia dia himmlische Engel »geschritten«. Dr Höheponkt isch aber no komme, wia dia mit Goldpapier bebebbte Babbadegglflügel mit dem Rescht vom goldne Gschenkbendel auf de Rücke gschnürt worde send. Ond drmit's besser hebt, hot mr den no auf dr Bruscht über Kreuz feschtzoge.

Des Verkloide isch älles en dr eiskalte Küche gwese, zwische dem graue Schüttstoi ond dem alte Gasherd ond dem weiße Küchebüffet. Dr Bua hot emmer meh Bauchweh kriagt ond hätt auf de Abe müsse, aber des isch wege dem Kloidle nemme gange. Ond er hot ja glei dia Hauptroll vom ganze Obend spiele solle: des Chrischtkendle! Dr Babbe ond d' große Schweschter hend scho em Weihnachtszemmer dia Lichter vom Baum azonde ond sich am Klavier und mit dr Geig fertig gmacht für d' Bescherong. Dia Melodie von »Alle Jahre wieder ...« hent se no agspielt ond dia boide ältere Brüder hent des »Chrischtkendle« no recht grob ens Wohnzemmer neidruckt, weil se 's vor lauter Ogeduld net erwarte könna hent, bis dia Bescherong endlich losgoht. Des hoiße Wachs von der Kerz aus dr Lichtleskirch isch ihm no so nontertropft auf sei Hand, aber glei isch's für de Bua no schlemmer komme, des Vorsenge von dr erschde Stroph. Scho beim »... kommt das Christuskind« isch er stecke bliebe, ond bloß weil d' Mamme eigflüschtert hot, isch er mit Ach ond Krach mit de Vers »... auf die Erde nieder, wo wir Menschen sind« durchkomme.

Mit rote Backe ond glühende Ohre ond ma bombernde Herz isch des Chrischtkendlesbuale drnoch ganz heh romgstande ond hot kaum meh des »Ihr Kinderlein kommet« mitkriagt. Erscht bei dr Weihnachtsgschicht aus dr Bibel, wo dr Vaddr vorglese hot, isch dr Kerle wieder zu sich komme ond hot grad no den Satz »... wickelte ihn in Windeln und legte ihn in eine Krippe« deutlich ghört. Do guggt er auf des gschnitzte Jesuskendle en dr Krippe onderm Chrischtbaum. Von dem sieht mr außer de Wendla bloß des kloine Gsichtle, mit zuene Auge wia a neugeborenes Kätzle. »Des Chrischtkendle sieht doch ganz anderscht aus, wia d' Mamme mi azoge hot! Des isch ja no a klois Butzele, wo no en d' Hos macht!«, schiaßt 's ihm durchs Hirn ond a mords Zora packt ihn. Aber er verhebt's grad no ond wartet erscht ab, was ihm des echte Chrischtkendle wohl onder de Baum glegt hot. Beim Auspacke hot er 's glei gmerkt. Net der rote Mercedes 190 SL Cabrio von seim Wonschzettel, mit aufklappbare Türe ond Lenkrad ond ame Batteriemotorle, isch en dem Päckle dren gwese, bloß wia letscht Mol halt nomal a klois rots Kippwägele für dia Märklin-Eisebahn von seim Vadder. Do hot's em groicht! So mägerle hätt 's jo net scho wieder ausfalle müsse!

Ond wia d' Mudder de Jonga lobt, wia schee er des mit dem Chrischtkendle gspielt häb ond er des am nächste Hoilige Obend doch gera wieder so doa dät, no schreit er laut en dia Weihnachtsstub nei: »Noi – etta! I ben doch koi Bäby meh! Höchstens – 's Chrischtkendle brengt mir nächst Mol a silbernes Mercedes-Trappauto mit rote Sitz!«

Dr Sternahimmel

Rösle Reck

Wenn am Horizont z' Obed d'Sonna vrschwind't,
ond am Erdball vrbei an de Himmel naufzünd't,
ond i guck an de klara Nachthimmel nauf,
fallt mir doch ällawei 's Gleich wieder auf:

Dr Sternahimmel hot sei O'schuld vrlora,
seitdem Satelitta sind naufgschossa wora.
Dia hanget det doba omanand
ond se hand ihra Liacht au us zwoiter Hand,
genau wia dr Mond, vo dr Sonna ausgliaha.
Au Fliager sieht ma weit doba aufglüha.

Em Orbit schwirrt rom schau en ganza Haufa.
Se dand andera Sterna de Rang ablaufa.
Orion ond Venus steahlet se d' Schau.
Do frog i mi manchmol: Mueß ma dia hau?
Se send it wia de richtige Sterna so schee.
Doch wäret se ällawei meh noh ond meh.

I woiß zwar, ma braucht se, dia Sterna-Attrappa,
suscht dät heut dohonda so manchs nemme klappa
bei Maut ond beim Fernseha, beim Telefo'
ond glei gar it bei dr Navigatio'
ond bei deana ix Computersystem.
Doch hättet dia einscht ieber Bethlehem
schau vor 2000 Johr vom Himmel razonda,
noch hättet dia drei Weise sellen Stall doch nia gfonda.
Ihra Sternakaat, dia hett doch nia gstimmt.

Ond außer dr Weissagung hand se nix kennt.
Dia drei hettet sich ganz sicher vrloffa,
ond 's heilige Paar wahrscheinlich nia troffa,
au 's Jesuskindle vielleicht gar nia gseha.
Ond noch dät's au heut koin Dreikönigsdag gea.

Frau Rodes, bitte melden!

EBERHARD RAPP

Gerne erinnere ich mich an meine eigene Kindheit und da ganz besonders gern an die Vorweihnachtszeit zurück.
Es lag immer etwas Besonderes, Festliches, auch Heiliges in der Luft. Ich durfte noch Kind sein. Und als solches entwickelte ich einen geradezu siebten Sinn, wann meine Mutter in der Küche am Weihnachtsbrötlesbacken war. Dabei fiel das gar nicht schwer. Es mussten nur drei untrügliche Merkmale zusammenkommen, und schon hatte ich die Küchentürklinke in der Hand und fragte scheinheilig: »Back'sch wieder?«

Das erste Anzeichen war, dass durch den vorgeheizten Backofen ein gewisses Weihnachtsaroma in der Luft zu schwirren schien, oder lag das bereits am ersten Blech, das aus dem Ofen kam? Spätestens dann war's wirklich unüberriechbar ... Das zweite, mindestens genauso deutlich wahrnehmbar, nur halt über die Ohren, war das Surren der Kenwood-Küchenmaschine. Sie war das Ein und Alles meiner Mutter, für damalige Zeiten ein Rolls-Royce für eine bescheidene schwäbische Hausfrau, finanziert durch unzählige Überstunden des Vaters ... Drittens schließlich, und das übertönte jeden Kenwood-Sound: die, sagen wir's mal diplomatisch, durch evangelisches Frauenkreissingen geprägte, charakteristische Stimme meiner Mutter. Sie liebte es über die Maßen, überall im Haus zu singen, sehr gern sogar bei geöffneten Fenstern, was mir immer peinlich war. Es hätten ja grad Spielkameraden am Haus vorbeilaufen können, und da konnte ich mit »Geh aus mein Herz und suche Freud« gewiss nicht punkten …

Wie gesagt, trafen diese drei Anzeichen zusammen, stand ich quasi bereits auf dem Küchenhocker, und gleichzeitig hatte ich schon den rechten Zeigefinger in der Rührschüssel. Es geht nichts, aber auch gar nichts über einen gescheiten Brötlesteig! Vor allem nicht, wenn es sich um dessen Krönung handelt – eine zähflüssige Vanillebrötlesmasse.

Aber auch Spritzgebackenes, Haselnussbrötle, Zimtsterne, Spitzbuben, Springerle, Kokosbrötle und Makronen drauf schmeckten in diesem Zustand, also vor dem Backen, fast noch besser als hinterher. Einzige Ausnahme: Teebrot- und Albertlesteig waren nicht so mein Ding.

Wie oft musste ich mich bei meiner Mutter Weihnacht für Weihnacht bitter beklagen, dass sie mit Absicht Zitronat und Orangeat im Lebkuchen- und Stollenteig versteckt hatte, was mir nun überhaupt nicht schmeckte und die ich nur unter größten Mühen und unnötigem Zeitaufwand vor dem Schleckvorgang erst mal finden und dann wieder herauspicken musste.

Irgendwie scheint sich das Gesangstalent meiner Mutter dann doch auf mich übertragen zu haben. Denn auch ich begann, allerdings nur in einer wenige Jahre andauernden Altersstufe, mich dem klassischen deutschen Weihnachtsliedgut zu widmen.

Parallel dazu lief meine sprachliche Entwicklung. Ich war überzeugt, dass es Lokokomotive heißen musste und nicht Lokomotive, und wann immer ich dieses Wort hörte, verbesserte ich umgehend den Erwachsenen, der ja keine Ahnung zu haben schien, wie das Wort richtig auszusprechen war.

Auch glaubte ich lange Zeit, dass es täglich nach den Nachrichten eine Bettenvorhersage gäbe und dass Wettervorhersage ein konstanter Hörfehler meiner Eltern gewesen war. Wie ignorant musste man eigentlich sein, dass einem das nicht auffiel? Besonderen Unmut meiner Mutter erregte ich, wenn gerade Besuch da war und ich fröhlich darauf hinwies, dass wir jetzt sofort das Radio einschalten sollten, weil gleich die Bettenvorhersage käme ...

Mit der gleichen Inbrunst und Fröhlichkeit und sehr gern so laut wie möglich und ebenfalls sehr gern bei geöffneten Fenstern gab ich die ersten auswendig gelernten Weihnachtslieder zum Besten.

»Es ist ein Ross entsprungen« stellte ich mir immer bildhaft vor und malte mir beim Singen aus, wie man wohl so ein entsprungenes Ross wieder einfängt.

Vom Himmel hatte ich eine von der offiziellen Kirchenlehre etwas abweichende Vorstellung, denn da musste es ja heiß hergehen, wenn die ganze Christenheit immer sang: »Hoch oben schwebt Josef den Engeln was vor!«

Statt der falschen Version »die redlichen Hirten« sang ich stets die richtige mit den »rötlichen Hirten«. Und bis heute weiß ich nicht, ob es neben dem »Herr Rodes« auch eine Frau Rodes gibt.

Der Sternenstall

HUGO BREITSCHMID

Wenn Oskar, der große rot-weiß gefleckte Ochse, nach seiner schweren Arbeit im Steinbruch endlich Feierabend machen durfte, trottete er müde, hungrig und vor allem richtig durstig stets zu seiner Bleibe in den alten Stall, in dem außer ihm noch einige Schafe und der Schäferhund Nero die kalten Nächte verbrachten.

Normalerweise blökten die Schafe, und der Hund gab auch einige gut gemeinte Laute von sich, wenn er im Stall an seinen Platz trottete, aber heute war alles ein wenig anders. Die Schafe steckten die Köpfe zusammen, tuschelten aufgeregt miteinander und beachteten den müden Ochsen fast nicht. Und sein Freund Nero, der Schäferhund, flutschte eilig zwischen seinen Beinen zur Stalltüre hinaus.

»Egal«, dachte Oskar, »jetzt will ich erst meinen Durst löschen und meinen riesigen Hunger stillen« und trank in einem einzigen Zug den bereitgestellten Eimer mit Wasser leer!

Erst jetzt bemerkte er, dass neben ihm ein größeres Tier Heu aus seiner Futterkrippe zupfte. »Ha jetzt, gugg au do na! Wer bischt denn du«, sprach Oskar den fremden Gast auf Schwäbisch an. Das Schwäbische hatte er von seiner Mutter, die es einst als echte schwäbische Fleckviehkuh auf vielen Umwegen hierherverschlagen hatte.

»Ich heiße Fridolin«, sprach der fremde Gast.

»Ond du bischt, wenn i des richtig sieh, en Esel, des hot grad no g'fehlt, en Esel. Also i hoiß Oskar ond …«

Weiter kam er nicht, denn der Esel fiel ihm ins Wort und sagte: »Und du bist, wenn mich nicht alles täuscht, ein großer Ochse!«

»Oha, aufs Maul g'falla bisch du jo scheints it«, schnaubte darauf der Ochse. »Aber sag amol, du Esel, was willsch denn du ausgrechnet do, des isch doch die letschte, gottverlassene Gegend. It amol Fuchs ond Has saget sich bei ons Guat Nacht!

»Heh, Oskar«, sagte da der Esel, »sei froh, dass du hier leben darfst, die Gegend hier ist alles andere als gottverlassen, gerade das Gegenteil ist der Fall!«

»So, so, grad des Gegadoil. Also it von Gott verlassa sei unser Gegend, sagsch du. Ond woher willsch denn du des wissa? Grad du, ha du bisch doch en Esel!«

»Und du bist wirklich ein Ochse, wenn du glaubst, alle Esel seien dumm. Das stimmt ebenso wenig wie dass alle Ochsen blöd sind.«

»Heidanei, los au do na, bisch du en gscheida Esel«, beschwichtigte Oskar den Esel Fridolin, »aber woher willsch denn du wissa, dass onsre Gegend it von alle guate Goischter verlassa isch?«

»Heh, Oskar«, fragte Fridolin, »ist dir denn in der letzten Zeit nicht aufgefallen, dass sich vieles zum Guten verändert hat? Aber klar, du hast ja bei deiner schweren Arbeit im Steinbruch kein Auge dafür!«

»Oha, noi, noi, so isch des au wieder nicht«, maulte da der Oskar, »erscht letscht Woche em Schtoibruch, do isch a Wonder gscheha, des muaß i dir verzella: Do isch drom ganga, dass ma en großa wertvolla Marmorstoi en dr Steilwand entdeckt hot. Den muaß d'r Ochs rauszieha, hots do k'oißa, also hend diea Bergwerkler den Stoi mit Ketta ond Soiler festbunda ond an meim

Kummet festgmacht, ond no hab ich mich granatenmäßig ens Zeug glegt.«

»Und hast du es geschafft?«, fragte da der Esel.

»Selbstverständlich hon i den Marmorblock rausgrissa, was denksch denn du! Gugg mi doch a«, prahlte der Ochse und ließ seine Muskeln spielen, »aber 's Beschte kommt jetzt: Kaum dass der Block mit viel Gepolter und Staub herausgeplumpst isch, hot ma a Rauscha kört ond alles hot zu der Steilwand naufguggt.«

»Was ist da gewesen?«, fragte ganz neugierig der Esel Fridolin.

»En Wasserfall isch do aus dem Loch rausg'rauscht, do, wo ich den Schtoi rausgrissa hon.« Der Ochse lachte. »Ond der Wasserfall rauscht do emmer no, ond des Wasser hot sich talwearts en Weag g'suacht ond der Bach rauscht jetzt henda an onsrem Stall vorbei, wiea oft hend mir nix zom Trenka k'het in dera trockena Gegend! Dr Wassermangel isch jetzt Gott sei Dank vorbei!«

»Siehst du«, sprach da der Esel Fridolin, »das passt so richtig zu den Prophezeiungen, die besagen, dass hier etwas ganz Großes geschehen soll.«

»Heh, Esel«, polterte da der Oskar los, »woher willsch denn du wissa, was en de Schrifta stoht? Seit wann ka en Esel leasa?«

»Beruhige dich«, sprach da der Esel, »ich kann zwar nicht lesen, aber ich stand viele Jahre einem weisen und gelehrten Mann zu Diensten. Und dieser Seher hatte die Angewohnheit, seine Studien und Erkenntnisse in meiner Gegenwart laut zu lesen und vorzutragen. Es gefiel ihm, wenn ich ihm zuhörte und manchmal laut Ihahaa sagte.«

»Und was hot noch dein gelehrta Spenner so alles verzapft?«, fragte da der Ochse.

»Alles habe ich nicht begriffen«, räumte da der Esel ein, »aber eines kam immer wieder zur Sprache: Es kommt ein unglaubliches himmlisches Ereignis auf die Menschen zu, der Sohn Gottes wird vom Himmel herabkommen, und zwar hier in diese, wie du sagst, gottverlassene Gegend.«

»Jetzt bleib no auf em Boda«, sagte da der Ochse, »was glaubsch denn du, was do wirklich los wär? Wenn em Herrgott sei Jonger auf B'suach komma dät? Ha, do gengs doch zua wiea d'Sau. Natürlich dät der en dr Hauptstadt niederschweba zu de Fürsta ond Beamte, zu de Minischter, zu de Pfarr ond zu de Bischöf. 's Militär dät a Parade abhalta ond Böller dätet se kracha lau wiea de Blöde, a riesa Feierwerk dätet se abbrenna ond Festgelage abhalta. Fressa ond saufa ond mit de Weiber romdoa dätet se, 's Geld zom Fenster nauswerfa dätet se ond dr kloina Ma mieaßt's zahla. Ond wenn oiner von de Kloine a Wörtle d'rgega saga dät, auf d'r Stell aufhenka dätet se den!«

»Um Gottes willen, das wäre ja fürchterlich«, sagte Fridolin sichtlich erschrocken, »aber wenn ich meinen weisen Herrn richtig verstanden habe, wird der Sohn Gottes von einer armseligen Menschenmutter in einem Stall hier in dieser Gegend zur Welt gebracht!

Aber jetzt sollten wir beide ein wenig hinausgehen und nach dem merkwürdigen großen Stern sehen, der jede Nacht größer und heller am Himmel steht!«

»Was für en Stera?«, fragte da neugierig Oskar der Ochse, »ich hon no niea en merkwürdiga Stera g'seha, aber wie sollt i au, in der Nacht, do bin i ochsamüad und schlof wie a Murmeltier, aber jetzt dua doch gstäht, lass mi au mit noch drauße und zoig mir den Wonderstern!«

Und so gingen sie miteinander hinaus, um nach dem Kometen Ausschau zu halten. Doch wie staunte da der Esel, und der Ochse konnte es gar nicht fassen: Ein großer Stern stand zum Greifen nah über ihrem Stall. Der Stern hatte einen Schweif, der in herrlichen Regenbogenfarben erstrahlte, und aus dem Schweif fielen leise, wie Seifenblasen leuchtend, goldene Kügelchen auf das Dach.

Die Kügelchen rollten mit feierlichem Klingen hinunter in das Gras, wo sie noch eine Zeit lang sangen und leuchteten.

Da kamen auch schon die Schafhirten der Umgebung und wollten sehen, was das mit dem Stern bedeuten könnte. Einige der Hirten erzählten, sie hätten lichte Gestalten gesehen. Zu hören war: »Gehet dort zu dem Stern, der über dem Stall so herrlich erstrahlt. Dort geschieht das größte Wunder, das die Welt je gesehen hat! Der Sohn des Schöpfers des Himmels und der Erde wird als kleines Kind geboren und seine Mutter legt ihn in Windeln gewickelt in eine armselige Futterkrippe auf Heu und auf Stroh!«

Als der Ochse Heu, Stroh und Futterkrippe hörte, da fiel ihm ein, dass er nichts, aber auch gar nichts im Magen hatte, und er sagte zum Esel: »I will jetzt do nei, en mein Stall nei, so einen Mordshonger wie i jetzt hon, so einen Honger hon i mei Leabdag no it k'het! Es ischt jo au koi Wonder, jetzt standet mir jo scho fascht zwoi Schtonda do vor dem Schtall rom!«

Da sprach der Esel: »Warte noch ein Weilchen! Als wir aus dem Stall herauskamen, sah ich einen Mann und eine Frau in den Stall hineingehen. Es ist bei dem Trubel, der hier herrscht, gar nicht aufgefallen. Warte noch ein Weilchen, dann kannst du das Gotteskind ganz aus der Nähe sehen, es liegt ja dann in deiner Futterkrippe! Aber bitte friss dann nicht das ganze Heu unter dem Gotteskind weg.«

»Saudomms Gschwätz!«, sagte da der Ochse. »En solcher Esel bin i it!«

Dia alt Glocka

BERNHARD BITTERWOLF

Im alte Torturm am Ortseigang hanget scho lang koi Glocka meh. Jo, friher, in de alte Zeita, isch manches an de groß Glocka ghängt worra. Wenn's was zum Verkünda gea hot, hot's Glockagläut drauf nagwiesa, isch en Feind em Anmarsch gwäa, dia Glock hot gwarnt, genauso wenn's irgendwo brennt hot. Grad wenn's brennt hot, war dia Glocka wichtig, oft gar überlebenswichtig! Der Glockaklang hot ganz oifach zum Alldag in dr Gmoind ghört.

Bsondes gern hont d'Leit dia Glocka ghört, wenn se zua ma Hochfescht eiglada hot. Vor allem am Hoiliga Obend hot ma auf dia Glockamusik, auf den himmlische Wohlklang it verzichda möga. Dr Hoiliga Obend wär ohne Glockagläut bloß halb so schee gwäa!

Im letzschda Kriag hot ma dia Glock abgsoilt, eigschmolza und wahrscheinlich Kanonarohr draus gossa. A Sünd! Traditionsbewusste Bürger bemüht sich seit einige Johr drum, a nuie Glock in den alte Torturm zum hänga. Im Gmoindsrot gibt's abr oin, dr Hermann, der sich mit aller Kraft drgega wehrt. Der alt Bruddler moint, des sei z' deier, s dät nemme en Zeit bassa und überhaupt, s Geld dät ma für andre Zweck braucha. Bis vor drei Johr war dr Hermann en gselliga Mensch, jo, en echte Vereinsmeier. Wo noch sei Frau an Krebs gschtorba isch, hot er sich aus allem rauszoga, hocket seither bloß no drhoim, goht nemme an dr Schtammtisch, schwätzt nemme mit de Leit und blockiert em Gmoindsrot oft Vorschläg, dia d'Lebensqualidät im Ort schteigra dätet. Seine Aussaga hont immr no Gwicht, desweage wird manche Entscheidung noch seim Satz: »Ha, des braucht's doch it!« verschoba und vertagt.

Beim Schneeschippa kurz vor Weihnachda hot dr Hermann auf dia Frog von seim Nochber: »Etz, hosch scho en Chrischtbaum?«, wie gwohnt sehr unwirsch reagiert: »Noi! I brauch koin!« Bloß desmol hot sich der Nochber it zruckzoga, sondern ringsum a bissle Geld gsammelt, um dem Hermann en Chrischtbaum kaufa zum kenna. Zersch war dia Ablehnung beim Hermann wia erwartet groß, doch dann hot er sich doch broitschlaga lasse und den Baum in dr Stuba aufgschtellt.

Dagsüber am Hoiliga Obend war der Hermann im Wald und hot Holz gmacht. Obends dann, alloi drhoim, kam ersch a Flascha Obschtler auf dr Disch, dann hot er dia Wachskerza am Chrischtbaum azündet. Beim Kerzaschei in seinra Stub isch dr ganz Jammer überm Hermann zammagschlaga. Mit Träna in de Auga hotr sei Uzfriedaheit und sei Trauer em Obschtler ersäuft. Müad, wia er war, hot's it lang dauert, bis er aufm Stuhl eigschlofa isch, dr Kopf auf dr Tischkanta ond s Schnapsgläsle en dr Hand. D Kerza sind drweil raabrennt.

Was dann bassiert isch, hot dr Hermann uns alle an Dreikönig, wo mir zamma in dr Wirtschaft ghockt sind, so verzählt: »I schreck plötzlich auf. Was bimmlet denn do? Hond dia etz vielleicht gega mein Willa a Glocka kauft und läutet se mir zum Bossa grad heit, grad heit am Hoiliga Obend? Des isch doch …! No merk i ersch, dass de ganz Stuba verraucht isch, dass es brenzlig riaecht und grad no rechtzeitig hon i den brennenda Chrischtbaum und den Schrank, der au scho Fuir gfanga hot, löscha kenna! Beinoh hätt's a groß Uglück gäa. Gott sei Dank hon i dia Glocka ghört!«

A halbs Johr später hot dr Gmoidsrot dann a nuie Glocka kauft und unter Mithilfe vom Hermann im alte Torturm aufghängt.

Alle Jahre wieder ...

In Ihrer Buchhandlung

Weihnachda auf Schwäbisch

Geschichten und Verse freigeschippt von Edi Graf

Schwäbische Weihnachtsgedichte und -geschichten mit den Klassikern wie »'s Weggetaler Kripple« von Sebastian Blau oder »Mamme, wann kommt's Christkind?« von Willy Reichert sowie mit aktueller Mundartdichtung zu Weihnachten von Autoren wie Helmut Engisch oder Winfried Wagner.

*Mit Zeichnungen von Uli Gleis.
200 Seiten, fester Einband.
ISBN 978-3-8425-1220-7*

*Als CD in Jewelbox:
Geschichten, Lieder, Verse.
ISBN 978-3-8425-1919-0*

Silberburg-Verlag

www.silberburg.de